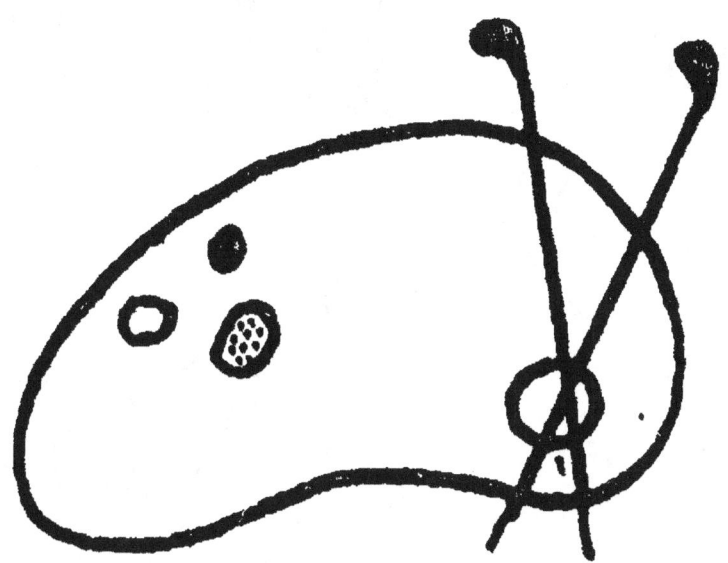

Début d'une série de documents
en couleur

(TYPOGRAPHIE)

CALMANN LÉVY, ÉDITEUR

DU MÊME AUTEUR

Format gr. in-18.

A GRANDES GUIDES..	1 volume
A LA HUSSARDE!..	1 —
LA BRUNE ET LA BLONDE..................................	1 —
LE CAPITAINE PARABÈRE..................................	1 —
LE CRI DES DRAGONNIERS................................	1 —
COUPS DE FOUET..	1 —
LES FEMMES DES AUTRES..................................	1 —
FEUX DE PAILLE..	1 —
LA FOIRE AUX CAPRICES....................................	1 —
LA GRANDE TÊTE!...	1 —
MONSIEUR MARS ET MADAME VÉNUS................	1 —
LE PÉCHÉ CAPITAL...	1 —
SANS M'SIEUR LE MAIRE.....................................	1 —
SERVICES DE NUIT...	1 —
SOYONS GAIS!...	1 —
TAMBOUR BATTANT...	1 —
UN PEU! BEAUCOUP!! PASSIONNÉMENT!!!..........	1 —

Paris — Imprimerie A. DELAROY, 5, rue Auber.

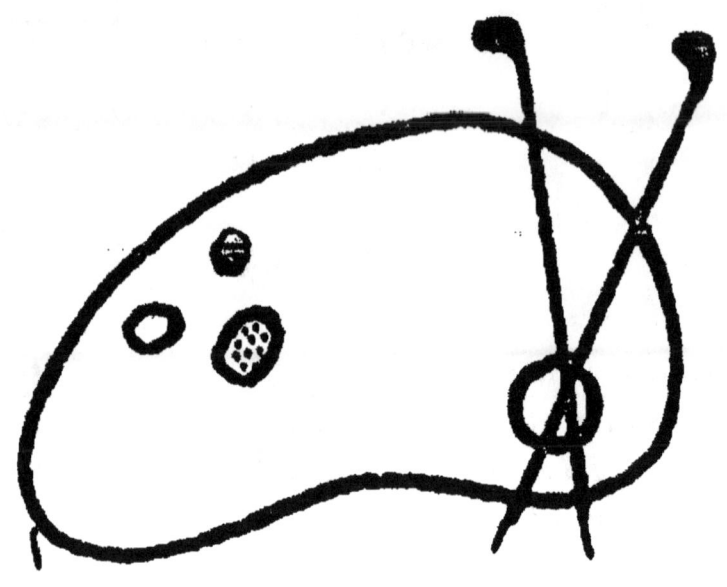

Fin d'une série de documents
en couleur

(TYPOGRAPHIE)

UN PEU!

BEAUCOUP!!

PASSIONNÉMENT!!!

CALMANN LÉVY, ÉDITEUR

DU MÊME AUTEUR

Format grand in-18.

A GRANDES GUIDES, 7ᵉ édition	1 vol.
A LA HUSSARDE! 17ᵉ édition	1 —
LE CAPITAINE PARABÈRE, 7ᵉ édition	1 —
COUPS DE SOLEIL, 5ᵉ édition	1 —
LES FEMMES DES AUTRES, 11ᵉ édition	1 —
FEUX DE PAILLE, 6ᵉ édition	1 —
LA FOIRE AUX CAPRICES, 8ᵉ édition	1 —
MONSIEUR MARS ET MADAME VÉNUS, 11ᵉ édition.	1 —
TAMBOUR BATTANT, 7ᵉ édition	1 —

RICHARD O'MONROY

(VICOMTE DE SAINT-GENIÈS)

UN PEU!

BEAUCOUP!!

PASSIONNÉMENT!!!

TROISIÈME ÉDITION

PARIS
CALMANN LÉVY, ÉDITEUR
ANCIENNE MAISON MICHEL LÉVY FRÈRES
3, RUE AUBER, 3

1886

Droit de reproduction et de traduction réservés.

UN PEU! BEAUCOUP!!
PASSIONNÉMENT!!!

A BON CHAT, BONS RATS

I

Ce dimanche-là, le retour de Bougival avait été très gai. Derrière le grand Destignac portant une lanterne vénitienne au bout de sa canne s'était formé un joyeux monôme, composé de Blanche Dartois, Altesse, Hélène Sillery, Thérèse Brunet, Ravaschoff, escortées de Larmejane, La Pescherie, Comfort, d'Eparvin et Maugiron. Le monôme, avec une irrégularité parfaite, monta l'escalier du pont et se dirigea vers le petit tramway, joujou qui conduit à Rueil. De Bougival à Rueil il y eut représentation complète du ballet d'*Excelsior*. Tandis que La Perchcrie et Maugiron chantaient à tue-tête l'*air des petits négril-*

lons, les camarades montaient avec ces dames sur les banquettes en agitant les bras comme la Cornalba — même mieux — puis ils disparaissaient sous les banquettes, pour reparaître ensuite plus agiles que jamais. Tout le train était en émoi. Les voyageurs des autres compartiments assistaient stupéfaits à cet accès d'épilepsie ; quant au conducteur ahuri, il oubliait complètement la halte de la Malmaison.

Arrivé sur le quai de Rueil, ce fut encore bien pis. Destignac, toujours orné de sa lanterne plus vénitienne que jamais, était devenu le centre d'une ronde folle exécutée autour de lui. La lanterne ayant fini par prendre feu, la joie ne connut plus de bornes. Le gendarme de planton à la gare s'était avancé pour s'emparer de la lanterne, toutes ces dames se précipitèrent vers lui et l'embrassèrent à qui mieux mieux. Le brave gendarme, le tricorne de travers, éperdu sous cette grêle de baisers et de caresses féminines données par des femmes belles et sentant bon, riait comme chatouillé par une sensation toute nouvelle et se défendait mollement en disant :

— Mesdames, voyons, Mesdames... Sacrebleu ! je vous en prie !

Heureusement pour la sécurité publique, le train de Paris arriva. Il fallut, bon gré mal gré, interrompre les folies, et le monôme se divisa pour se répartir dans les divers wagons. Le hasard avait placé Destignac à côté de Thérèse Brunet; celle-ci, pendant toute la soirée, avait paru très triste, subissant avec résignation la joie de ses compagnons, mais souriant seulement pour la forme, avec un diable de pli entre les deux yeux qui ne présageait rien de bon.

Destignac était un bon garçon. Lorsqu'il eût ramené un peu de calme dans ses esprits et épongé son front mouillé par ces exercices de haute chorégraphie, il s'écria avec un sourire de satisfaction.

— Mon Dieu! que j'ai ri! J'en ai mal. — Puis se tournant vers sa voisine : — Et vous, Thérèse, vous êtes-vous amusée?

— J'ai essayé, mon pauvre ami, j'ai fait de mon mieux. Mais depuis que le prince m'a quittée, vous savez bien que je ne puis m'amuser nulle part.

Destignac chercha péniblement dans sa mémoire pourquoi la belle Thérèse ne pouvait plus s'amuser, et il se rappela comme une vague histoire de lâchage.

— Ah! oui, dit-il à tout hasard, je sais... le prince... Il a eu bien tort!..

— Si vous saviez tout ce qu'il m'avait dit, tout ce qu'il m'avait promis. Je ne suis pas plus naïve qu'une autre, mais je vous montrerai des lettres de lui, son papier chiffré avec sa couronne; des huit pages de protestations d'amour. Avec cela généreux, dépensant sans compter, prévenant mes moindres fantaisies. Ah! il était bien prince jusqu'au bout des ongles, celui-là!

— Enfin, s'il a été si bon prince que cela, de quoi vous plaignez-vous?

— Mon cher, un beau jour il a fait atteler et il est parti pour l'Amérique.

— En voiture?

— Oui, la mer lui fait mal.

Destignac regarda Thérèse à la lueur vacillante de la lampe. C'était, ma foi, une fort belle fille, avec sa robe crème, ses cheveux blonds tordus et relevés sous le chapeau de paille à large galon blanc. Évidemment elle n'était pas d'une intelligence hors ligne, mais qu'importe! elle était jolie, et la douleur lui allait très bien. En même temps il pensait qu'il serait doux de la consoler.

— Voyons, lui dit-il en lui prenant la main, il faut vous distraire, surtout ne pas rester à vous morfondre dans un coin. C'est très mauvais la tristesse; à la longue, ça enlaidit.

— Je vous assure que je n'ai plus cœur à rien. Toute la journée je me suis sentie triste à pleurer.

— C'est justement ce qu'il ne faut pas. Tenez,

voulez-vous que j'organise à votre intention un grand dîner pour jeudi, avec des femmes gaies et de bons camarades; on retiendrait un cabinet aux Champs-Élysées?

— Ma foi, je veux bien. Quel bon garçon vous faites! C'est convenu; vous êtes gentil tout plein de vous intéresser à moi, car je dois être insupportable.

On arriva à Paris; la bande joyeuse se réunit une dernière fois sur le quai. Destignac eut l'idée de ranger amis et amies sur un rang afin de faire l'appel. L'alignement fut difficile : « La Pescherie, rentrez ce ventre! Eh bien, Blanche, et cette poitrine! » Puis, lorsque chacun eut répondu à l'appel de son nom, il y eut un : « Rompez vos rangs! » magistral, et cette fois la dislocation fut définitive.

Destignac avait pris le bras de Thérèse; il faisait très beau. On descendit à petits pas, et se serrant très près l'un de l'autre vers le boulevard Haussmann. Au fond, Thérèse paraissait attendrie.

— Vous devez être très bon pour être aussi gai, lui dit-elle.

— Ma foi, j'ai toujours trouvé que la vie était une fort belle invention, et vous avez tout ce qu'il faut pour être de mon avis. Laissez-moi vous... faire partager mon avis.

— Eh bien, je ne dis pas non. Nous verrons. Vous me plaisez beaucoup.

On était arrivé devant l'hôtel de Thérèse. Un moment, Destignac songea à demander la permission de franchir le seuil, mais c'eût peut-être été demander trop tôt la récompense de l'intérêt témoigné... et puis, on regrettait encore trop le prince parti en voiture pour l'Amérique.

— A quelle heure désirez-vous que je vienne vous chercher jeudi?

— Voulez-vous sept heures? Venez me prendre, car mon cocher est malade.

— C'est convenu.

On échangea une dernière poignée de main, longue, longue; Destignac déposa un baiser, ma foi très amoureux, entre le gant et la manche courte, et la belle Thérèse rentra chez elle en criant : « A jeudi. Soyez exact. »

II

Dès le lendemain, Destignac s'occupait d'organiser un dîner amusant. Il invitait les deux plus spirituelles de ses amies, Altesse et Hélène Sillery; plus Larmejane et Maugiron, deux gaillards qui ne passent pas pour engendrer la mélancolie. Il avait expliqué qu'il avait l'intention de consoler Thérèse Brunet du départ du prince, et tout le monde avait applaudi à cette bonne pensée. En même temps, il retenait un cabinet sur l'avenue Gabriel, assez loin pour ne pas être incommodé par le bruit du concert, dont la musique arriverait seulement par bouffées, et il commandait un menu catapultueux arrosé des vins cotés par Antoine lui-même comme étant « de haute marque ».

Le jeudi arrivé, il endossa l'habit noir, jeta dans la voiture un gros bouquet de roses thé, et partit chercher Thérèse.

— Pauvre Thérèse, se disait-il avec conviction, pauvre fille ! Je vais bien la consoler.

Il arriva boulevard Haussmann, et la femme de chambre le fit entrer dans le grand salon.

— Madame est prête, demanda-t-il ?

— Je ne sais pas, Monsieur, je vais voir.

— Eh bien, priez madame, de ne pas être trop longue, car je désire arriver de bonne heure pour recevoir mes invités.

Destignac s'étendit sur un fauteuil de satin mousse et regarda le salon donné par le prince. C'était riche et de mauvais goût. Si, par hasard, Thérèse le prenait, lui, Destignac, comme consolateur, il y aurait bien des petites choses à changer. Affreuse, cette rotonde dorée, qui encombrait tout le centre du salon; absurde, ce lustre vénitien; et cette pendule en Saxe moderne!.... Tandis qu'il faisait ainsi des plans de réorganisation, le temps passait. Cinq minutes, dix minutes, un grand quart d'heure.

— Diable! pensa Destignac, elle tient probablement à se faire très belle, mais nous arriverons les derniers au dîner. Enfin, je m'excuserai.

Au bout d'une demi-heure, alors que Destignac commençait à trépigner, la femme de chambre apparut, et lui annonça sur un ton un peu embarrassé que « Madame, se sentant très fatiguée, priait Monsieur de l'excuser et se voyait dans l'impossibilité de dîner avec lui ».

Destignac se sentit envahir par une colère formidable. Non seulement elle l'avait fait attendre inutilement une demi-heure, non seulement, après avoir accepté le dîner organisé en son honneur, elle ne s'était pas excusée dans la journée, mais elle le faisait prévenir *in extremis* — sans venir lui parler — et se servait simplement de l'entremise d'une femme de chambre. On ne pouvait être plus empêchée ni plus mal élevée. Un moment il faillit éclater, mais il se contint, et prenant brusquement son chapeau, il sortit.

Qu'allait-il dire à ses amis pour arriver ainsi en retard?.. S'être posé en consolateur, avoir insinué qu'on avait des chances de succéder au prince, et se présenter ainsi tout seul, les mains vides, sans Thérèse. Quel rôle ridicule elle lui faisait jouer!..

Il arriva à huit heures seulement aux Champs-Élysées, trouva ses invités qui l'attendaient en grignottant des hors-d'œuvre, et, ma foi, il leur raconta tout d'une traite le camouflet qu'il venait de recevoir.

— Sacrebleu! s'écria Larmejane. Si ce n'est pas à fouetter! Cela mérite une vengeance.

— Moi, s'écria Maugiron, je lui écrirais :

« Madame,

» Vous m'avez fait faire le pied de grue; je vous l'envoie. Ça vous en fera trois. »

— Elle ne comprendrait pas, répondit Hélène, et dirait : « Trois quoi ? »

Pendant ce temps, Altesse réfléchissait.

— C'est non seulement impoli pour toi, ce qu'elle a fait là, mais pour nous, ce qui est plus grave. Voyons, t'es-tu emporté, chez elle, as-tu grinché?

— Je suis parti sans dire un mot.

— Bravo! Dans ce cas nous avons la partie très belle. Nous allons rédiger immédiatement une lettre dans laquelle tous les convives ici présents la supplient de donner une compensation et d'indiquer elle-même son jour pour un autre dîner.

— Ça, par exemple, jamais de la vie!

— Laisse donc! Il ne sera pas mal d'appuyer la supplique par le nom de quelques gros financiers connus qui auraient assisté au dîner, insinua Hélène.

— Comme, par exemple, le gros Flamberge.

— Et le grand Rischofsheim.

— Mais pourquoi?

— Tu verras bien.

Immédiatement on demanda un buvard, et,

tout en dînant, sur le papier même du restaurateur, on rédigea, au milieu des éclats de rire, la lettre suivante, dont nous donnons le fac-similé, dans l'espoir que cette pièce historique pourra, classée dans les archives, servir à l'histoire de notre temps.

RESTAURANT DES
CHAMPS-ÉLYSÉES

« 8 heures du soir.

» Ma chère amie,

» Tout le monde ici est au désespoir. On
» comptait tellement sur vous! On se faisait une
» telle fête de vos saillies, de votre gaieté, de votre
» conversation vive et enjouée!.. Vous eussiez
» apporté à notre dîner non seulement le rire des
» belles dents, non seulement la beauté qui
» rayonne, mais le charme qui séduit et l'esprit
» qui étincelle. Aussi tous les amis et amies du
» dîner exigent que j'obtienne immédiatement de
» vous une acceptation pour une autre fois. Fixez-
» vous-même le jour et l'endroit; autant que
» possible à la campagne. Je vous enverrai cher-
» cher par ma voiture. Dites oui, ou sans cela
» Rischofsheim et Flamberge, qui sont des nôtres
» ce soir, affirment qu'il leur sera impossible de
» dîner tant que vous n'aurez pas accepté. Allons,
» vite un bon oui, n'est-ce pas? »

DESTIGNAC.

A la suite, en bas, en haut, sur la marge, chacun ajouta un mot :

« Si elle allait refuser. J'en suis malade.
» MAUGIRON. »

« Moi je compte sur le bon cœur des femmes.
» LARMEJANE. »

« De grâce, venez ! Je me roule à vos pieds au
» risque de ne plus pouvoir me relever.
» FLAMBERGE. »

« Approuvé de tout cœur la lettre ci-dessus.
» HÉLÈNE et ALTESSE. »

« N'est-ce pas qu'elle sera gentille la petite
» da-dame et qu'elle dira oui pour faire plaisir
» à son petit
» RISCHOFSCHEIM. »

Cette lettre fut immédiatement portée par le chasseur au boulevard Haussmann. Une demi-heure après, la réponse suivante arriva au dessert et fut remise à Destignac, qui la lut au milieu de l'allégresse générale :

« Mon cher Destignac,

» Votre lettre m'a fait grand plaisir. C'est bien
» aimable à ces dames de m'avoir regrettée ;
» quant à MM. Rischofsheim et Flamberge, dites-

» leur bien que leur petit mot si spirituel m'a
» beaucoup flattée et m'a été au cœur. Je serais
» enchantée de faire leur connaissance. Dînons
» donc tous ensemble samedi prochain à Madrid,
» et cette fois vous pouvez absolument compter
» sur moi. Mon cocher étant toujours malade,
» j'accepte avec grand plaisir votre aimable pro-
» position pour la voiture. Envoyez-moi chercher
» à sept heures.

» Je vous tends les mains à tous.

» THÉRÈSE BRUNET. »

— Bravo! nous la tenons! s'écria Altesse.

— Et maintenant, Messieurs, dit Destignac, si vous le voulez bien, nous allons boire à la santé de MM. Rischofsheim et Flamberge, les deux aimables nababs. Quoiqu'ils soient absents, nous leur devons sans aucun doute l'acceptation de la belle Thérèse.

III

Le samedi suivant, à sept heures, la victoria de Destignac arrivait boulevard Haussmann, et cinq minutes après, Thérèse Brunet apparaissait sur le seuil de l'hôtel. Elle avait inauguré une ravissante robe de sicilienne toute garnie de pampilles blanches qui faisait valoir sa taille élégante et souple. Sur l'oreille était campé un immense devonshire en paille de riz sur lequel une colombe formait une cocarde triomphale. Aux oreilles, deux saphirs merveilleux, sur les longs gants de Suède apparaissait une véritable exposition de bracelets, et, de toute sa personne, s'exhalait une odeur de Sandringham des plus capiteux. Évidemment Thérèse s'était mise en tenue de combat comme une femme qui veut vaincre, et qui ne doute pas un instant de la victoire. Avant de sortir, elle avait lancé un dernier regard à la psyché et l'impression avait été bonne. Elle monta avec un petit sourire de satisfaction dans la victoria et dit simplement au cocher :

— A Madrid.

— Oui, Madame, j'ai des ordres.

Celui ci toucha son cheval, et la voiture partit au grand trot dans la direction du bois. Le ciel était sombre ; de gros nuages noirs couraient dans la direction de Neuilly, tout faisait prévoir un orage pour la soirée. La voiture descendit le boulevard Maillot, tourna à gauche, dépassa le gros chêne, et par une ellipse des plus élégentes, vint déposer Thérèse devant l'entrée du restaurateur.

— Le cabinet de M. Destignac ? demanda Thérèse au maître d'hôtel accouru à sa rencontre.

— Monsieur n'est pas arrivé.

— Et les autres invités ?

— Personne encore, mais je vais toujours ouvrir un cabinet à Madame.

On pénétra dans un petit salon, le maître d'hôtel alluma deux candélabres, puis il se retira discrètement et Thérèse resta seule devant la nappe blanche.

— Ce n'est pas aimable, pensa-t-elle, de me laisser arriver la première. — Puis elle ajouta avec un soupir : — Ce n'est pas le prince qui aurait fait cela!..

Cependant Madrid était lugubre ce soir-là. Les Parisiens voyant l'incertitude du temps s'étaient abstenus et le jardin était désert. De grandes rafales secouaient les arbres qui agitaient désespérés leurs branches. Pas une fenêtre éclairée ne piquait un point lumineux sur la façade sombre et muette. Thérèse attendit ainsi un quart d'heure, une demi-heure.

L'impatience lui donnait la fièvre. Elle sonna le maître d'hôtel.

— Vous êtes bien sûr que M. Destignac n'est pas arrivé?

— Oh! Madame, il n'y a pas d'erreur possible. Tous nos cabinets sont vides.

Il salua d'un air narquois et disparut, laissant Thérèse toute seule. Elle attendit encore un quart d'heure, rien ; elle n'osait même pas commander le dîner n'ayant pas un louis sur elle. Avec cela, la pluie s'était mise à tomber. La situation devenait atroce. Tout à coup le maître d'hôtel apparut, apportant une dépêche sur un plateau.

— Madame Thérèse Brunet?

— C'est moi. Donnez vite.

Elle décacheta et lut :
« Madame Thérèse Brunet. — Restaurant Madrid.
» A bon chat, bons rats!

» ALTESSE, SILLERY, FLAMBERGE,
BISCHOFSHEIM, LARMEJANE,
MAUGIRON, DESTIGNAC »

Dix minutes après, sous une averse épouvantable, Thérèse reprenait à jeun le chemin du boulevard Haussmann.

PREMIÈRE ÉTAPE

I

C'était la première fois que le petit d'Éparvin faisait étape. Sorti de Saumur l'année précédente, il se trouvait un peu dépaysé au milieu de cette existence remplie d'imprévu, pleine d'à-coups, rompant avec la régularité du service de l'École et du tableau de travail du quartier. En route pour les grandes manœuvres, arrivé depuis le matin au village de Boissy-le-Sec, il avait eu à caser ses chevaux dans les hangars et à loger ses cuirassiers chez les habitants. Il avait appris avec stupeur qu'il n'avait que deux lits pour tout son peloton et que le reste serait installé avec de la paille de couchage à l'école des filles !!

Lorsqu'il eut à peu près accompli sa besogne,

Il donna à Perdriol, son ordonnance, l'ordre de porter sa cantine chez le pharmacien où il devait loger, et rouge, suant, exténué, se précipita vers l'auberge du *Bœuf Couronné*, indiqué par le rapport comme hôtel de MM. les officiers. Une table en fer à cheval était dressée dans une grande salle de bal blanchie à la chaux ; dans le fond, se dressait une estrade pour un orchestre ; au plafond étaient suspendus de vieux drapeaux tricolores défraîchis et des lanternes vénitiennes calcinées. Le cadre d'officiers était déjà à table, tous couverts de poussière, bronzés par le soleil de la route ; et, pour tromper un appétit de loup, chacun se versait déjà de larges rasades, en échangeant d'un bout de la table à l'autre des interpellations joyeuses et des onomatopées sonores.

— Voilà enfin d'Éparvin, s'écria le capitaine Pouraille. Jeune melon, vous êtes bien en retard !

— Il sera privé de confitures ! dit Brionne, le chef de calotte.

— Et il lui sera défendu de regarder Victorine ! appuya le président des lieutenants.

— Messieurs, Messieurs, un peu d'indulgence pour la jeunesse ! intervint le colonel.

Au milieu de ces attaques, d'Éparvin se glissa vers un bout de table où une place lui était réservée, et sans répondre aux facéties plus ou moins spirituelles des camarades, il se mit en devoir de regagner le temps perdu en attaquant vivement les hors-d'œuvre, représentés par des ronds de saucisson. Victorine, d'ailleurs, la servante, venait d'apporter un grand plat de jambonneau. Une fille superbe, cette Victorine, avec son corsage opulent emprisonné dans une robe vert-bouteille et ses grosses lèvres sensuelles. Les bras ronds et fermes émergeant des manches courtes, elle se penchait au-dessus de la table avec des poses lourdes que nécessitait le service, et les officiers éprouvaient un certain plaisir à se sentir frôlés par cette plantureuse personne.

A ce moment, elle venait de servir un nouveau plat de galantine.

— Mais, s'écria le colonel, du saucisson, du jambon, de la galantine. Il n'y a donc que de la charcuterie à ce déjeuner ! Mademoiselle, voulez-vous faire venir votre patron.

— Oh ! Monsieur, il a cru bien faire, et il n'osera jamais entrer. Il n'a jamais servi de cuirassiers. Il ne peut pas arriver à dominer son émotion.

— Sapristi ! qu'il se domine ! Sans cela notre déjeuner est manqué.

— Oui ! oui ! qu'il se domine ! s'écria-t-on à la ronde.

— Il a même acheté ce matin une casquette

de soie neuve, pour mieux recevoir ces messieurs continua la servante.

— Le pauvre homme, qui achète une casquette de soie neuve, pour n'attraper que des reproches !

— Nous sommes sensibles à l'attention et à la casquette, dit le colonel, mais enfin nous comptons bien sur le prochain plat.

— Ces messieurs verront ! Ils seront satisfaits ! s'écria Victorine.

Dix minutes après, elle revenait avec un immense pâté. Le capitaine Pouraille l'ouvrit, comptant y trouver des perdreaux ou de la bécasse. Hélas! c'était encore un mélange infâme de veau et de jambon roulé dans la graisse !

— On dira ce qu'on voudra, s'écria Pouraille en repoussant le pâté. Pour moi... c'est du porc.

— Tout au porc, mais pas tout à la joie !

— Enfin nous sommes donc arrivés au porc, etc., etc., etc...

Au milieu de ces exclamations, la belle Victorine restait un peu décontenancée.

— Ne pourrait-on, dit le colonel, simplement avoir des œufs et des pommes de terre ?

— Comment, des beaux messieurs comme vous, tout couverts d'argent, ça mange des pommes de terre ?

— Mais certainement.

— Ah ! bon, attendez une seconde, ce sera facile.

Et quelques minutes après, une belle omelette faisait son apparition, bientôt suivie d'un immense plat de pommes de terre frites dorées très appétissantes.

— Une brave fille, cette Victorine ! disait Pouraille, attendri, en mangeant comme un ogre.

— Et jolie, avec cela, ce qui ne gâte rien.

— Il faudra lui laisser un bon pourboire.

— Qui lui sera remis par le plus jeune, suivant la tradition. Qui est-ce le plus jeune ?

— C'est d'Éparvin !

Les regards se tournèrent vers le petit d'Éparvin qui, du coup, se trouva tout intimidé par l'attention dont il était l'objet.

— Melon saumâtre, gélatineux, fangeux et galipoteux, vous savez quels devoirs vous aurez à remplir en remettant cette somme à Victorine ?

— Mon Dieu... je pense que j'aurai... à faire le compte exact, de manière à pouvoir...

— Sapristi ! Mais qu'est-ce qu'on vous a donc appris à Saumur ! Vous ne connaissez ni vos droits ni vos devoirs. Monsieur *Bazar*, sachez que vous aurez à embrasser la servante.

— Ah ! il faudra que j'embrasse ?..

— C'est l'usage.

A partir de ce moment, les morceaux ne passèrent plus dans la gorge du pauvre sous-lieutenant. Le dessert tirait à sa fin, et il voyait avec terreur approcher le moment où il faudrait se lever et embrasser la jeune fille devant tous les camarades. Et si elle allait ne pas vouloir? Si elle se défendait, il y aurait lutte. Et il entendait déjà les éclats de rire bruyants de la galerie impitoyable. Tout en mangeant, il suivait Victorine du coin de l'œil. Très intimidante et très imposante en somme, cette grande fille. Linge bien blanc, tenue correcte, cheveux lisses, rien du laisser aller ni du débraillé de la servante d'auberge... Plus il la regardait et plus il lui semblait que ce que demandait le chef de calotte était impossible.

Cependant le moment terrible était arrivé. Le colonel avait fait circuler à la ronde une assiette dans laquelle était tombée une pluie de pièces blanches constituant une somme assez ronde. On passa cet argent à d'Éparvin, puis Brionne appela d'une voix sonore:

— Victorine! Mademoiselle Victorine!

Celle-ci accourut et se campa dans la porte, les poings sur les hanches, le corsage tendu à craquer, un bon sourire avenant sur les grosses lèvres entr'ouvertes.

— Que désirent ces messieurs?

— Mademoiselle, dit d'Éparvin en se levant rouge comme un coq, voilà une petite somme que mes camarades vous prient d'accepter... pour... la bonne grâce que vous avez mise à nous servir.

— Merci, Monsieur, répondit Victorine.
— Et puis, en même temps...
— Qu'est-ce qu'il y a encore ?
— En même temps...

D'Éparvin était au supplice ; il restait debout, face à face avec cette grande servante, qui connaissait probablement les usages et qui attendait. Déjà les camarades commençaient à risotter ; l'attention de tous était concentrée sur cette scène de famille.

— ... En même temps, ils m'ont chargé de... vous remercier.

Et d'Éparvin se rassit avec résolution, comme un homme qui a pris un grand parti. En vain des exclamations indignées s'élevèrent de tous les coins de la table lui enjoignant d'embrasser ; en vain des vieux lieutenants moustachus et blanchis sous le harnais se proposèrent-ils à remplacer l'insuffisant néophyte. Victorine, après avoir attendu le temps moral, empocha son argent dans son tablier et sortit.

Ce fut alors un véritable concert d'imprécations, tandis que le colonel se renversait en riant sur sa chaise avec des joyeux tressautements, et que le pauvre d'Éparvin n'osait souffler mot.

— Monsieur *Bazar*, dit tout à coup Brionne d'un ton sévère, vous avez la journée pour racheter vos torts et vous exécuter. Sinon, vous serez à l'amende de quinze bouteilles de champagne pour votre piteuse conduite.

II

D'Éparvin rentra très penaud chez son propriétaire. Il trouva son ordonnance, Perdriol, qui avait déjà déballé ses objets de toilette et sorti de la cantine la tenue numéro 1.

— J'ai mis les épaulettes neuves, mon lieutenant. J'ai pensé que vous ne seriez pas fâché de faire un petit tour en ville...

— Tu as bien fait, quoique à Boissy-le-Sec l'élégance ne soit guère nécessaire.

— Mon lieutenant, pour le militaire en route, il y a partout des occasions. Le tout est de savoir les trouver.

Perdriol disait cela avec l'aplomb d'un cavalier débrouillard, sûr de son affaire.

Et cependant il n'était pas beau Perdriol. Court, trapu, grêlé, des cheveux en broussaille encore remplis de brins de paille attrapés au fourrage, une barbe de trois mois; il avait piètre mine avec son bourgeron et sa calotte d'écurie. Les occasions de Perdriol? Les amours de M. Perdriol? Voyez-vous cela!

D'Éparvin, à tout hasard, s'habilla cependant de son mieux. A son insu, il songeait à cette diablesse de Victorine. Il est évident que, s'il trouvait un moment propice et si la servante voulait l'encourager un brin, ma foi, il se lancerait et exécuterait l'ordre donné par le terrible Brionne. Il endossa la tunique, relevée par des épaulettes fraîches, mit des gants en peau de cerf tout neufs, prit son stick, et, tout en se rendant au pansage, alla flâner un peu du côté du *Bœuf Couronné*. Par la fenêtre entr'ouverte, on voyait Victorine allant et venant dans la cuisine, tandis qu'un grand feu flambait dans la cheminée et qu'un gigot tournait à la broche.

— Mademoiselle, dit-il par la fenêtre, je voudrais bien une allumette.

— Voilà, Monsieur.

Une deuxième fois ils se trouvèrent face à face. Le soleil dardait ses rayons sur la fenêtre, et la belle fille apparaissait encadrée comme dans un nimbe d'or. Il eût fallu brusquer la situation, jeter les bras autour du cou de Victorine en l'attirant vivement à lui. Évidemment il le fallait, mais d'Éparvin sentait qu'il n'aurait jamais le courage de le faire. Il resta là debout un intant, aspirant de grosses bouffées de sa cigarette pour se donner une contenance, et comprenant qu'il était absolument ridicule. Puis il tira un grand coup de képi et s'éloigna en disant très troublé :

— Merci, Mademoiselle.

Il se rendit au pansage, furieux de sa timidité, d'autant plus furieux que maintenant il se sentait bel et bien saisi d'un vif désir pour cette fille. Elle était véritablement superbe au grand soleil, avec sa carnation étincelante; la santé et la vie rayonnaient de tout son être exhalant un bon parfum de chair fraîche et jeune. A Saumur, il avait eu des bonnes fortunes, parbleu; mesdemoiselles Camélia, Carabin et la grande Sapho l'avaient comblé de leurs faveurs, mais quelle différence entre ces filles fanées, maquillées, éreintées par la fête, et la plantureuse Victorine. Tout en prenant les renseignements de son maréchal des logis, tout en visitant consciencieusement le dos de ses chevaux pour s'assurer qu'ils n'avaient été blessés ni au garot ni au passage des sangles, sa pensée se reportait au *Bœuf Couronné*. En vain, sous les grands hangars, les cuirassiers avaient, en cas d'alerte, rangé avec amour leurs effets *par petits paquets*, la bride suspendue à la poignée du sabre, le casque posé sur la cuirasse qui elle-même reposait sur la selle campée sur un botillon de paille pour ne pas abîmer les panneaux, le tout formant un trophée des plus réussis; ils n'eurent pas un compliment de leur lieutenant absorbé!

Brionne venait de passer à cheval le poing sur la hanche; il conduisait son peloton à l'abreuvoir:

— Eh bien! cria-t-il à d'Éparvin, est-ce fait?
— Pas encore.
— Très bien. On boira ce soir à votre santé.

Lorsque la visite fut terminée devant le corps de garde, lorsqu'on eut dressé l'état des hommes et des chevaux indisponibles pour la colonne du lendemain, d'Éparvin se précipita vers l'auberge, très décidé à enlever son baiser à la hussarde. Malheureusement Victorine était dans le coup de feu de son dîner. Avec les deux autres bonnes, elle se démenait devant les grands fourneaux, le teint allumé, le visage préoccupé, l'attention toute concentrée sur ses opérations culinaires. Ce n'était vraiment pas le moment de venir lui conter fleurette. On serait rabroué d'importance devant tous les camarades déjà installés à des petites tables devant l'auberge et humant l'absinthe verte.

— Allons, se dit-il, la partie est perdue, et je n'ai plus qu'à commander les quinze bouteilles de Champagne.

Le dîner fut très gai. On chanta la chanson des *Qui-qui* :

>Qui-qui porte des bretelles,
> L'colonel.
> Et Qui-qui n'a jamais tort,
> Le major. Etc.

Mais, surtout, on but à la timidité indigne du lieutenant d'Éparvin. Il n'y avait plus de revanche possible, hélas! car, le soir, le dîner était servi par les deux ordonnances du colonel, et Victorine n'apparut pas une seule fois.

La nuit était venue, et le village était plongé dans l'ombre; seule, l'auberge flamboyait comme un phare dans la petite rue. Sur les pavés, on entendait résonner les éperons des cavaliers regagnant leur logement d'un pas lourd. Après huit heures et demie, en effet, d'après l'ordre du colonel, tout le monde devait être rentré. D'Éparvin était *de jour;* il alluma une cigarette, et, heureux d'échapper aux quolibets de ses camarades, il sortit pour s'assurer qu'aucun traînard n'était resté dans les cabarets. En passant, il donna un coup d'œil à la cuisine déserte dont les fourneaux étaient éteints. Victorine avait dû regagner sa chambre ; on se couche de bonne heure à la campagne. Si cependant elle apparaissait à sa fenêtre, si elle se laissait attendrir ; avec quel battement de cœur il gravirait l'escalier ! Mais ce n'était pas à espérer. Le mieux était d'oublier tout cela et de faire simplement sa ronde.

Ainsi songeant, il cheminait dans l'ombre, quand il aperçut un cavalier à vingt pas devant lui qui se promenait tenant une femme amoureusement enlacée par la taille.

— Voilà un gaillard que je vais pincer, se dit d'Éparvin, en allongeant le pas ; mais le cavalier fit entrer sa compagne dans une maisonnette isolée et disparut vivement derrière elle, non cependant sans que le lieutenant eût eu le temps de reconnaître le visage grêlé de M. Perdriol.

— Les ordonnances ! Toujours les ordonnances pour ne jamais se soumettre au règlement, s'écria d'Éparvin. Nous réglerons cette affaire-là demain matin.

—

Le lendemain, on partait pour Étampes. Au moment où le peloton se mettait en marche, le lieutenant dit au sous-officier de lui amener Perdriol.

— Arrive ici, cria d'Éparvin, à ma botte ! C'est toi que j'ai rencontré hier soir dans le village : il était près de dix heures.

— Oui, mon lieutenant, dit Perdriol d'un ton contrit, mais j'étais en bonne fortune.

— J'ai bien vu, sacrebleu, et ce n'est pas une excuse.

— Je sais bien, mon lieutenant, mais c'est elle qui a tant voulu, tant voulu ! ma foi je me suis laissé entraîner.

— Qui ça ?.. Elle ?.. quelque vieille rôdeuse de grand chemin !

— Non, mon lieutenant, une belle fille, ma foi. Mademoiselle Victorine du *Bœuf Couronné*.

— Au trot, mââârche ! s'écria d'Éparvin en donnant rageusement deux coups d'éperon à son cheval.

PELOTODORA

On n'a pas oublié l'immense succès de *Pelotodora* à la Porte-Saint-Martin.

Pelotodora était une œuvre longtemps attendue par les gens épris d'un tripotage décent et chaste, d'un tripotage tellement varié dans ses manifestations, tellement ingénieux dans ses caresses, tellement raffiné dans ses enroulements lascifs qu'il peut durer cinq heures, non seulement sans lasser le public, mais même sans énerver l'acteur robuste chargé du rôle d'amoureux tripoté.

Il est peu probable, en effet, que l'auteur ait écrit *Pelotodora* simplement pour nous reservir *Marion Delorme* comme idée, le meurtre de

Rome vaincue comme scène capitale et la mort de *Roméo et Juliette*, dans le caveau funèbre comme dénouement, le tout dans de merveilleux décors byzantins. Non, l'auteur a visé plus haut : il s'est dit que, dans tout public composé d'hommes solides et de femmes désirables, au fond, chacun n'était préoccupé que de la *scène à faire*, la fameuse scène à faire, et il a fait durer cette scène de sept heures et demie du soir à une heure du matin. Hé! hé! c'est gentil.

Étudions donc les enseignements qui se dégagent de *Pelotodora*, avec le sérieux qui convient à ce genre d'exercice.

—

Au premier acte, l'auteur nous initie à un tripotage abstrait, sans objectif précis, troublant par l'incertitude même dans laquelle nous laisse cette impératrice caressante. Étendue mollement sur des coussins, elle s'étire, s'enroule, s'offre, se reprend, se tord, se cache, se pâme, s'endort, etc., sans que nous puissions savoir au juste si le but de cette manœuvre savante est d'exciter nous, le chef d'orchestre, ou cet excellent Caribert. Tantôt le bras s'élève languissamment pour retomber de tout son poids (!) sur les oreillers de satin, tantôt la jambe se plie sous la cuisse gauche de manière à produire des plis bizarres sous la double ceinture d'argent, puis tout à coup c'est le torse qui se dresse dans un mouvement brusque par un petit rétablissement sur les deux poignets, la tête restant un peu penchée sur l'épaule gauche.

Tout cela, c'est très joli, très savant, très finement exécuté; le spectateur se monte peu à peu l'imagination, mais il désirerait voir *l'autre*.

Patience : On ne lui sert *l'autre* qu'à l'acte 2. L'autre, Andréas, est un jeune adolescent aux cheveux drus, aux épaules carrées, à la barbe molle et floconneuse, avec un décolletage ingénieux laissant apercevoir le cou blanc et musclé. Ce décolletage a son utilité. L'impératrice, pour des raisons que nous n'avons pas à apprécier, ayant toujours le cou garni de colliers ou de perles, il est nécessaire que l'un des deux amoureux, au moins, puisse fourrer sa tête frileusement contre le cou de l'autre sans se blesser, comme un oiseau qui rentrerait dans son nid. Nous aurons plusieurs fois, dans le courant de *Pelotodora*, à constater ce mouvement d'oiseau au nid.

Quoi qu'il en soit, Pelotodora arrive chez Andréas dans un petit costume collant qui permet de suivre toutes les ondulations, non seulement du bras moulé (?) dans deux étroits fourreaux de brocard, mais du dos, des reins, des hanches, grâce à la double ceinture ultra-byzantine qui fait plaquer la jupe sur le ventre, tout en permettant au-dessus et au-dessous le bouillonnement vague des plis trompeurs et frissonnants. Elle commence par tenir son amant à distance en lui prenant les deux mains, puis tout à coup elle se laisse attirer rudement contre sa poitrine, mais pas contre le milieu de la poitrine — ce serait inconvenant — la rencontre a lieu contre l'épaule à droite, la jambe gauche *seulement* de l'héroïne frôlant la jambe droite de l'amoureux qui l'embrasse en plongeant son nez dans sa perruque blonde.

Puis, nous avons le premier tripotage, côté cour. Il y a là un siège byzantin assez élevé, et en dessous un tabouret non moins byzantin, mais moins élevé, qui permet à Pelotodora de s'asseoir aux pieds de son bien-aimé, tout en montrant au public sa nuque décolletée en pointe. La conversation a lieu les yeux dans les yeux, les mains dans les mains, les lèvres à un centimètre l'une de l'autre; de temps en temps, Andréas fourre son nez dans un des yeux de Pelotodora qui lui passe la main sur la figure.

Quand le tripotage côté cour a suffisamment duré, on passe du côté jardin (il faut bien qu'il y en ait pour tout le monde), et là, les deux amoureux s'assoient sur un canapé, plus byzantin que jamais, qui permet d'être sur le même plan. On commence par se prendre naturellement par la taille comme les danseuses d'*Excel-*

sior, puis joue contre joue, on parle au public avec des yeux plus grands que nature. Bing! Pelotodora se lève, appuie son genou droit sur le canapé entre les deux jambes d'Andréas *(sic)* lui place les deux mains sur les épaules et lui parle à une distance qui va en decrescendo. Nous sommes tous haletants du côté jardin. Nous disons : « Ils vont s'embrasser. » Et les convenances, Messieurs! Comme Andréas dit à ce moment du mal de l'impératrice, Pelotodora saisit cette occasion inespérée de lui entrer sa main dans la bouche jusqu'au poignet.

Allons, adieu! adieu! L'embrassera, l'embrassera pas! Non, Monsieur, l'amant bien élevé se contente d'une étreinte avec mouvement de nid vers le cou: il replonge une autre fois son nez dans les frisons de la perruque blonde, et Pelotodora s'enfuit avec un adorable et byzantin sautillement de petite pensionnaire.

La deuxième entrevue des amoureux a lieu dans un jardin au 3º acte, mais rassurez-vous. Il y a un banc mi-circulaire et byzantin. Pelotodora enlève son voile de gaze en se cambrant en arrière dans une attitude lasse, puis elle se laisse entraîner sur le banc byzantin et s'assoit sur les genoux d'Andréas. Sur les genoux? Certainement, mais sur le petit bout des genoux, qu'elle effleure seulement. Elle plane plutôt qu'elle n'est assise. Là, pendant plus de dix minutes, des mouvements de nid dans le cou : en veux-tu? en voilà! Quelquefois Pelotodora s'oublie dans ce cou. On dirait qu'elle dort, et pendant ce temps Andréas enroule autour de ses doigts distraits les boucles blondes de la perruque byzantine, ou bien encore il lisse les sourcils de sa bien-aimée, il lui caresse les oreilles avec mollesse et suavité. Je vous assure que tout cela est très convenablement fait et compris. La visite est terminée. Pelotodora se laisse porter jusque vers la porte du jardin; et dame, là, il y a un triomphant baiser sur les lèvres.

Ouf! Nous l'avions bien gagné ce baiser-là, et quel dommage que la toile tombe!

Voyez, d'ailleurs, la gradation ingénieuse de ce tripotage; nous avons eu le tripotage de fauteuil, le tripotage de canapé; au dernier acte, nous avons le tripotage de lit. Dans le dessous du cirque, Andréas est étendu sur un lit, un lit vaste et byzantin, un lit de ménage et de manège sur lequel on peut évoluer. Pelotodora arrive à trois pas du lit sur lequel repose son amant. Vous croyez peut-être qu'elle va lui sauter au cou? Allons donc! ce serait banal et inconvenant. Andréas se met sur son séant et Pelotodora, profitant de la place laissée libre, passe « derrière » son bien-aimé, et par un prodigieux mouvement de désarticulation, vient cependant lui parler par devant, le corps restant en arrière. Andréas est pris ainsi dans un véritable anneau de serpent. Heureuses les femmes avec le corps desquelles on peut se faire un cache-nez ou une ceinture qui soutient le ventre sans comprimer!

Cette fois, lutte de Pelotodora qui veut attirer à elle un corps qui se retire. Cambrure de reins en arrière, mains rivées autour du col dans un effort désespéré de manière à rapprocher l'ingrat qui refuse ses lèvres. Car il refuse, le misérable! Mais donne-les donc! donne-les donc! Ah! Monsieur, si vous saviez dans quel état nous étions du côté cour. D'un côté, cette femme qui veut; de l'autre côté, cet imbécile qui ne veut pas. Quelle situation!

Il avale un philtre d'amour. Cette fois, nous sommes sûrs de notre affaire. On ne s'en tiendra pas aux bagatelles de la porte. Nous verrons la « scène à faire » jusqu'au bout. Hélas! le philtre d'amour était du poison. Andréas tombe sur le dos et Pelotodora s'étale tout de son long sur lui. Sur lui! Oui, Messieurs, mais il est mort. S'il était encore vivant, jamais l'auteur ne l'aurait laissée s'étaler comme ça!

UNE FÊTE DE CHARITÉ

« Sauvez-vous par la charité. »
SAINT VINCENT DE PAUL.

I

En descendant dans la salle à manger du Grand-Hôtel, à son arrivée à N..., La Bassetière eut la satisfaction de voir qu'il ne s'était pas trompé. Madame de Pignerolles était bien assise à une petite table avec son mari. Il se garda de rien laisser paraître et fit, au contraire, l'étonné.

— Ah, mon bon Pigne-Pigne! Quelle surprise de te voir! Quelle belle santé, Madame! Quel teint rose! Quels yeux brillants! Quelle bonne chance de vous rencontrer ici! Comme nous allons nous amuser!

Et, tandis que La Bassetière se confondait en exclamations joyeuses et en effusions bruyantes, Pigne-Pigne, lui, répondait à ces élans de joie avec un visage assez contraint. Quelle guigne de retrouver La Bassetière à N...! Déjà, à Paris, pendant l'hiver dernier, Pignerolles s'était parfaitement aperçu que son ami trouvait sa femme charmante, trop charmante! Mais l'été venu, l'on s'était séparé, et Pignerolles avait emmené Suzanne à N...

Et après ces deux cents lieues de chemin de fer, il se rencontrait nez à nez, avec qui? Avec La Bassetière! Force lui fut pourtant de faire bonne figure.

— Eh bien! mon gaillard, dit-il, tu vas être ici dans ton élément, les demoiselles et les actrices ne manquent pas.

— Ah! vraiment! Alors, on ne s'ennuie pas ici!

— Oh! moi, d'abord, je ne m'ennuie nulle part. Du moment que j'ai écrit quelques vers dans la journée, le temps passe. La poésie, vois-tu, tient lieu de tout. Mais toi, il te faut des cocottes, des bals, des fêtes, des soupers. Tu as raison, car jamais tu ne seras assez sérieux pour apprécier la vie tranquille.

La Bassetière affirma, au contraire, qu'il avait tout à fait assez de ces amours sans veille ni lendemain, qu'il voulait retourner dans le monde, redevenir un bon jeune homme, cultiver les vrais amis. Et pour prouver la véracité de sa conversion, il se mit immédiatement à faire toute sorte de projets d'existence en commun. Le matin, on grimperait aux sources ensemble; le soir, on retiendrait trois fauteuils côte à côte, au théâtre du Casino ; et, dans le jour, on ferait des excursions partout. Ce serait charmant.

Tandis que madame de Pignerolles applaudissait à ce programme attrayant, La Bassetière, serrant la main de Pigne-Pigne navré :

— Je vous laisse dîner, dit-il, mais à ce soir, nous nous retrouverons sur l'Esplanade, et nous irons jouer tous ensemble à la *Mascotte*.

Il n'y avait plus à en douter, Pignerolles allait avoir à défendre vigoureusement sa femme. Dès le soir, sous un prétexte quelconque, il la détourna d'aller à l'Esplanade, où les attendait La Bassetière et monta dans sa chambre, fort préoccupé de la rencontre, cherchant le moyen d'en éviter les conséquences. Toute la nuit il y songea, sans rien trouver. Quitter N... était impossible, installés comme ils l'étaient et leur cure en train. C'eût été, d'ailleurs, prendre les choses bien au sérieux et fuir un danger encore imaginaire, fort heureusement. Mieux valait s'en remettre aux diversions, que les habitudes folâtres, bien connues de La Bassetière, ne manqueraient pas de faire surgir.

Dès le lendemain matin, il s'en présentait une en effet : Pignerolles traversait le vestibule de l'hôtel, quand du bureau s'éleva le bruit d'une assez violente altercation. La Bassetière en sortait en même temps, l'air furieux.

— Que t'arrive-t-il ? lui dit Pignerolles.

— Une misère, mais fort désagréable. Je viens d'apprendre à quel point, au Grand-Hôtel de N..., la patronne, madame Bédarride, tient à la morale.

— En effet, hôtel de famille, vie de famille. Après dîner, les jeunes filles dansent ensemble au salon et un vieux savant explique les coordonnées des Pyrénées, avec projection électrique sur un transparent. C'est délicieux.

— Tu m'en diras tant ! Or, tantôt, j'avais rencontré aux Néothermes, Jeanne Taldit, du Vaudeville.....

— Jolie fille ! toujours accompagnée de son grand chien danois ?

— Précisément ; elle me demande où je suis descendu ; je lui donne mon adresse ici, et voilà qu'après dîner, la grande folle arrive avec un chapeau catapultueux, des lèvres cramoisies et son molosse danois. Son entrée fait sensation au milieu des familles qui prenaient leur café sous la vérandah, mais Jeanne, sans se troubler, demande : « M. de La Bassetière ». La mère Bédarride bondit indignée et répond, en foudroyant Jeanne d'un regard : « Il est sorti, vous entendez, Mademoiselle, toujours sorti ! » Jeanne est repartie furieuse, et me voilà compromis vis-à-vis de l'hôtel. D'un côté, je ne puis admettre qu'on renvoie une visite à moi, et, si je pars sur un motif semblable, il en résultera les potins les plus désobligeants. Je ne sais vraiment que faire... Que me conseilles-tu ?.. Toi, homme respectable, marié, ne pourrais-tu faire entendre raison à l'honorable madame Bédarride. Après tout, Jeanne n'est pas une cocotte, c'est une artiste, on ne peut plus dramatique, c'est bien différent !

— Tu as raison, fit Pignerolles, enchanté de voir La Bassetière déjà sur une autre piste. Jeanne Taldit est une artiste, et de très grande valeur; j'ai songé plus d'une fois à elle pour dire quelques-unes de mes poésies. Madame Bédarride lui fera des excuses et la laissera venir à l'hôtel tant qu'elle voudra, je m'en charge.

— Tu me rendras un vrai service. A tantôt !

Et La Bassetière s'en fût, laissant Pignerolles songeur. Une idée lumineuse, que dis-je, deux idées lumineuses venaient de surgir dans sa tête. Pignerolles, on l'a vu, quoique homme du monde, était aussi poète et, comme tel, il eût assez aimé à produire ses vers en public. Vaguement il avait déjà songé à mettre à profit son séjour à N... pour y organiser quelque fête de charité, où, naturellement, une place importante eût été réservée à ses vers. La présence de beaucoup d'artistes des théâtres de Paris à N... eût rendu la chose fort possible. Malheureusement, ayant toujours vécu assez loin de ce genre de monde, il n'y connaissait personne. L'arrivée de La Bassetière allait, au contraire, lui faciliter ces nouvelles relations. D'un autre côté, en favorisant ses entrevues à l'hôtel avec Jeanne, Pignerolles écartait d'autant le danger de sa femme.

— C'est décidé, se dit-il à lui-même, j'organise une fête de charité, je fais dire mes vers par Jeanne Taldit, qui aura tous les prétextes possibles de venir nous trouver à l'hôtel. Nous avons ici Ferton de l'Odéon, Lasquin de l'Opéra-Comique; comme femmes, Chilly, des Variétés, Marguerite Legay; je n'aurai que l'embarras du choix. Je ferai pour Ferton quelque monologue ailé, et l'on verra comment je m'en tire!

Le soir même, Pignerolles, sérieux, reprochait à la digne patronne de l'hôtel d'avoir gravement froissé une grande artiste parisienne venant mettre son immense talent au service d'une bonne œuvre. La Bassetière et lui, Pignerolles, avaient eu la bonne pensée de secourir les pauvres de N..., et ils étaient récompensés par une impolitesse! Il parla tant et si bien que madame Bédarride fit les plus plates excuses, et promit qu'à l'avenir, les portes de son hôtel seraient ouvertes, toutes grandes, aux visites artistiques de M. de La Bassetière.

— Tu sais, dit-il à son ami, j'ai tout arrangé; tu pourras recevoir qui tu voudras.

Et il lui expliqua son plan de fête de charité que La Bassetière ne put qu'approuver.

Ce soir-là, Pignerolles se dit en se couchant:

— Je n'ai pas perdu ma journée Jouons serré! Mes vers verront le jour, et je sauverai ma tête!

II

Dès le lendemain, Pigne-Pigne et La Bassetière se mirent en campagne. Ils allèrent d'abord voir le maire, un radical à tous crins, qui les reçut fort mal et leur dit qu'il n'aimait pas l'aristocratie. Cependant, lorsqu'il apprit qu'il s'agissait d'une fête de bienfaisance, il s'humanisa et leur conseilla de s'aboucher avec le directeur-concessionnaire du Casino. Avec celui-ci, la question fut plus difficile. Il fallait l'indemniser de la perte sèche de sa recette, de plus les acteurs de la troupe seraient froissés si on les excluait de cette solennité. Cabirol, le ténor de Pau, avait une voix superbe, et madame Cazadores, du Grand-Théâtre de Tarbes, avait un creux qui dominait le bruit du Gave.

Pignerolles et La Bassetière affirmèrent à l'envi qu'ils acceptaient le concours de Cabirol et de Cazadores. Restaient les grands artistes de Paris à décider. Pignerolles, escorté de l'inséparable La Bassetière, explora les hôtels, les villas, les maisons particulières pour dénicher Ferton, Lasquin, Chilly et Taldit. Ils trouvèrent, d'ailleurs, de leur part, la plus grande bonne volonté. Ferton promit de dire de sa voix mâle et puissante :

LE BAIGNEUR A N...,

monologue en vers, écrit pour la circonstance par Pignerolles. La belle Jeanne devait apparaître, aux derniers vers, en Nymphe des Eaux.

Surexcité par le but à atteindre, rassuré, d'ailleurs, par la présence presque continuelle de La Bassetière, Pignerolles ne songea bientôt plus qu'à sa fête de charité. Toute la journée, il était hors de l'hôtel. Dès le matin, il télégraphiait à Paris pour faire envoyer les brochures, il courait chez l'imprimeur pour s'occuper des affiches. On mettrait en lettres gigantesques le nom de Ferton, mais il faudrait également placer en vedette Lasquin et mesdemoiselles Chilly et Taldit. Et Cazadores ! Et Cabirol ! Ah ! ce n'était pas une chose facile que de classer tous ces talents, sans froisser les amours-propres ! Outre l'impromptu ailé pour Ferton, il fallait également un monologue écrit spécialement en auvergnat pour mademoiselle Chilly, des Variétés; or le pauvre Pigne-Pigne savait bien parler en vers, mais l'auvergnat lui était complètement inconnu.

— Je voudrais, lui avait dit Chilly, m'appeler Zozephe Choumara. Je serais venu aux eaux pour faire une cure qui me récure parce que ma femme Channette m'a fatigua. Vous comprenna?

— Fouchtra! Si che comprends, ripostait Pignerolles ahuri.

— Il me faudrait un costume coquet en velours marron, avec grand chapeau et gilet à ramages. Je veux bien être un Auvergnat, mais je tiens à rester jolie femme.

Et Pigne-Pigne fut commander à ses frais un costume magnifique. L'impromptu ailé marchait pendant ce temps; et Pigne-Pigne était fort satisfait de ses vers que Ferton devait dire au public:

> Voilà qu'en arrivant un soir sur l'esplanade,
> Je trouve un monde fou, pimpant, coquet, joyeux,
> Je ne puis faire un pas sans voir un camarade,
> Et j'aperçois partout des minois radieux.
> Le soleil resplendit sur les torrents du Gave:
> Les hôtels sont tous pleins; une procession
> D'évêques si nombreux qu'on dirait un conclave
> Le bréviaire en main fait son ascension........

Cela coulait ainsi pendant une centaine de vers.

Ferton, facile à contenter comme tous les véritables artistes, accepta l'impromptu sans protestation. Quant à mademoiselle Chilly, c'était une autre affaire; elle avoua franchement qu'elle trouvait sa Zoséphe Choumaru idiote, et pas auvergnate du tout. De plus son pantalon de velours était trop étroit, et la veste ne cambrait pas assez les reins. C'était à recommencer.

Mais Pignerolles, grisé de son œuvre, n'en était plus à se décourager pour si peu. Tout à sa fête de charité, il avait même oublié tout à fait le danger qui le menaçait et dont elle devait le préserver. La Bassetière n'attendait que ce moment. Il n'avait pas été dupe du beau zèle de son ami, mais avait feint d'y croire et de le partager, guettant l'instant où Pignerolles, tout à ses devoirs d'impresario, serait forcé de s'éloigner de sa femme. Bien mieux, au cours des nombreux pourparlers nécessaires, La Bassetière avait fort bien remarqué certaine émotion dont Pignerolles n'était pas maître en présence de la belle Jeanne, qui, de son côté n'y paraissait pas insensible. La Bassetière feignit de ne rien voir pour laisser à son ami la gloire et le plaisir de le tromper. Mais, profitant des préoccupations nouvelles de Pignerolles, il s'éclipsa à propos de temps en temps, l'habitua peu à peu à le voir moins continuellement près de lui, et regagna bien vite auprès de la jolie madame de Pignerolles le terrain qu'il perdait volontairement auprès de Jeanne. S'il eut soin d'insister auprès de la femme sur la cour que son mari faisait à une autre, inutile de le dire!

III

Donc Pignerolles triomphant ne s'occupait plus que de sa fête de charité. Les répétitions avaient déjà commencé, non sans quelques orages. Le premier jour, les artistes convoqués par Pignerolles avaient trouvé la salle occupée par la troupe du Casino qui répétait : *le Barbier de Séville*.

— Ne vous inquiétez pas, avait dit Pignerolles, et surtout ne vous en allez pas. Je vais vous faire ouvrir le *Salon des Dames*.

Le Salon des Dames était un petit boudoir somptueux tout tendu de satin peluche qu'on montrait aux étrangers avec un saint respect; les hommes ne devaient pas y stationner, et la clef devait toujours rester chez le directeur des eaux, qui ne voulait pas s'en dessaisir. On allait profaner le Salon des Dames, user le tapis, salir les satins !

— Mais, représentait Pignerolles, des artistes de Paris qui daignent se déranger pour les pauvres de N... méritent certains égards. Ils ne peuvent vraiment pas répéter sur l'esplanade !

Le directeur, avec un gros soupir, confia la clef au gardien du Casino en lui faisant toute sorte de recommandations. Aussi, lorsque celui-ci vit arriver Jeanne Taldit avec son immense molosse danois, il se planta en travers la porte et déclara que jamais, de mémoire de baigneur, un chien n'avait pénétré dans le Salon des Dames.

— C'est bien, dit mademoiselle Jeanne, si mon chien n'entre pas, je m'en vais.

Mais l'amoureux Pignerolles qui voyait sa belle à la porte et sa répétition manquée, s'interposa, pria, supplia. Comme le gardien restait inflexible, il eut la constance d'aller lui-même acheter un magnifique paillasson épais, moelleux et le fit placer devant la porte du salon ; le molosse put s'y étendre, gardien vigilant de sa jolie maîtresse. Elle était d'ailleurs charmante, cette Jeanne, avec ses caprices d'enfant gâtée, et décidément Pignerolles s'en occupait beaucoup, avec la satisfaction de penser qu'il marchait sur les brisées de La Bassetière.

Quant à celui-ci, on le voyait de moins en moins aux répétitions. Il y venait un quart d'heure pour donner son avis sur un détail de mise en scène, puis il disparaissait, s'en rapportant à la compétence de son vieux Pigne-Pigne.

La vérité est que madame de Pignerolles, délaissée par son mari, était heureuse d'avoir sous la main son voisin La Bassetière. Toujours gai, plein d'attentions délicates, il la ramenait des Sources, lui donnait le bras aux descentes trop raides, la conduisait à la musique, et passait de longs après-dîners à causer avec elle dans le salon de famille.

Pendant ce temps, Pigne-Pigne s'escrimait ; l'impromptu ailé était terminé ; il faisait dans la bouche de Ferton un effet magistral ; quels applaudissements, lorsque celui-ci dirait avec son bel organe :

> Si les eaux du pays, leur rendant la parole,
> Ont de nos grands acteurs souvent bien mérité,
> Eux ne doivent-ils pas, apportant leur obole,
> Faire entendre leur voix... quand c'est par charité ?

Il y avait là un effet de voix mouillée qui devait tirer les larmes. Zosephe Choumara marchait bien, Pignerolles avait trouvé une superbe idée : « Zosephe ne voudrait pas prendre de bain, refusait d'aller à la *pichine* et, en voyant les grosses marmites destinées au humage, était persuadée qu'elle allait manger une bonne soupe au choux. » Mademoiselle Chilly persistait pourtant à trouver le monologue peu spirituel et insuffisant comme mise au point.

— Cela viendra ! affirmait l'heureux Pignerolles qui se remettait au travail avec ardeur, et ne se sentait plus d'aise de se voir joué en public comme poète sérieux et comme librettiste bouffe, sans compter le bonheur d'être aimé d'une aussi belle personne que Jeanne Taldit. Leur liaison, d'ailleurs, commençait à être connue et devenait la fable de N... On n'y parlait que du remuant et triomphant Pignerolles. Quelques bonnes âmes ne parlaient plus à cette pauvre petite madame Pignerolles qu'avec des airs de la plus vive compassion. La Bassetière n'avait même plus à médire du mari, celui-ci lui faisait trop beau jeu. Il ne s'agissait plus que de trouver l'occasion d'en profiter.

IV

Le grand jour de la représentation était arrivé. Des affiches cramoisies placardées jusque sur les points les plus élevés de la montagne, annonçaient à la population des baigneurs la grande solennité artistique. Elle était, d'ailleurs, immense, cette affiche, car non seulement tous les artistes de la troupe, mais une foule de phénomènes locaux et de petits prodiges inconnus avaient tenu à apporter leur concours. L'impromptu ailé apparaissait en bonne place, côte à côte avec la Valse de *Mireille*. Pignerolles et Gounod flamboyaient en caractères de même grandeur. Le monologue auvergnat était réservé pour la fin, comme dénouement comique.

Pignerolles, assis entre le maire et le capitaine

de gendarmerie, se faisait une vraie joie d'entendre sa poésie récitée par Ferton. Il avait loué pour madame de Pignerolles une baignoire de face, mais sa grandeur l'obligeait à rester avec les autorités.

Vers le milieu de la soirée, un accroc fâcheux. Au temps qu'avaient déjà duré les premiers numéros du programme, on s'aperçut que la nuit entière suffirait à peine à l'exécution de tous les numéros inscrits. A tout prix, il fallait couper dans ce programme trop touffu. La Bassetière vint tout bas prévenir Pignerolles, auquel seul, en qualité d'organisateur de la fête, revenait le droit de sacrifier tel ou tel sujet. Pignerolles bondit sur la scène, fit un appel désespéré aux amours-propres qu'on allait blesser, et n'en obtint rien. Alors, dans un élan superbe de sacrifice, il se coupa à lui-même son récit en vers, où Ferton allait être sublime! Un malheur n'arrive jamais seul. La belle et capricieuse Chilly, décidément mécontente de son costume, déclara qu'elle n'entrerait pas en scène ainsi fagotée. Et Pignerolles dut aussi retirer du programme sa fantaisie auvergnate. Que lui importait, après tout, l'amour de Jeanne Taldit lui restait!

Après la représentation, un grand souper avait naturellement été commandé par Pignerolles et offert aux autorités et aux artistes. Pignerolles ayant fait ses invitations, cordialement acceptées, s'en fut reconduire sa femme à l'hôtel et s'en revint aussitôt à la salle du Casino, où était servi le souper.

Le maire, le capitaine de gendarmerie, le directeur du théâtre étaient à leurs postes, ainsi que ces dames et ces messieurs artistes. A sa droite, Pignerolles plaça Jeanne Taldit, à sa gauche Chilly, Cazadores, et la basse Cabirol; tout au fond, près de la porte, La Bassetière était chargé d'égayer le bas bout de la table réservé aux sacrifiés.

Au dessert, le maire prenait la parole et remerciait les grands artistes au nom des pauvres.

« Grâce à votre concours, aussi empressé que dévoué, Mesdames et Messieurs, nos pauvres n'auront pas à envisager avec crainte et tristesse l'approche des longs mois d'hiver. Ils auront du pain pour leur famille, des vêtements chauds pour leurs enfants. Ils n'oublieront pas les noms des généreux bienfaiteurs et des gracieuses bienfaitrices. Merciencore une fois, au nom des pauvres, au nom de la municipalité ! »

Là-dessus on portait des toasts attendris, le vin de champagne coulait à flots, Pigne-Pigne se penchait tout ému sur l'épaule de la belle Jeanne Taldit, en lui disant, avec des yeux brillants:

4

— N'est-ce pas que c'est bon de faire le bien !

Puis les refrains d'opérette commencèrent, puis les quadrilles de plus en plus accentués, et pendant que, jusqu'au matin, Pignerolles entraînait Jeanne alanguie dans le tourbillon des valses folles, La Bassetière s'esquivait, et allait offrir à la pauvre petite madame de Pignerolles, avec ses condoléances, la plus douce manière de se venger.

Pignerolles fut-il plus heureux d'un côté que malheureux de l'autre ? L'amour de la belle Jeanne le consola-t-il de l'occasion à jamais perdue de se faire connaître à la fois comme poète sérieux et comme librettiste bouffe ? C'est ce qu'on n'oserait affirmer, la belle Jeanne Taldit étant partie le lendemain pour Pau avec le baryton Cabirol.

QUAND ON VA AU CIRQUE MOLIER

AVANT

Écrire à l'aimable directeur pour lui rappeler nom et adresse. Pas trop tôt, pas trop tard. Trop tôt, il oublierait. Trop tard, il n'aurait plus de places numérotées.

Bien consulter ses goûts personnels pour savoir si l'on préfère la série des femmes du monde ou la série des demi-mondaines. Les unes sont bien séduisantes, les autres ne laissent pas aussi que d'être fort agréables. Cruelle perplexité ! Il y a une manière de s'en tirer, en demandant à être invité aux *deux* soirées. Mais c'est une question de tact et d'intimité avec l'impresario.

Une fois les invitations reçues, conserver sa

liberté pour ces soirées-là avec une énergie farouche et répondre avec férocité : « Mais vous savez bien que je vais au cirque Molier. »

———

La tenue. Pour les femmes : Robe de dîner habillé, à tons clairs, blanc crème, fraise écrasée, tourterelle émue, etc., etc. Chapeau de théâtre très élégant. Quelques audacieuses portent ce chapeau avec une robe décolletée. C'est fort coquet. En voyant ces épaules et ces bras nus surmontés d'un chapeau, on a un peu l'impression de ces jolies poupées qu'on vend avec le costume à part. La robe de bal dépasse la note. Le manteau est invisible et sacrifié, la sortie se faisant par un petit corridor.

Pour les hommes, tenue de soirée, canne, fleur à la boutonnière, chapeau extra-brillant, pas de gants

———

Dîner légèrement à six heures et demie. Il est absolument indispensable d'arriver au plus tard à huit heures si l'on veut voir quelque chose ou simplement se faire voir.

Il est peu probable que votre cocher connaisse la rue Benouville. Ne l'embrouillez pas. Dites-lui : « Au Bois ! » Une fois à l'extrémité de l'avenue du Bois-de-Boulogne, vous arriverez bien à lui indiquer la rue Spontini, ou la rue de la Faisanderie. S'il se perd, lâchez-le, et faites carrément à pied les cent mètres qui vous séparent du cirque; les moments sont précieux.

En arrivant, trouvez votre place numérotée, et épinglez sur la banquette votre carte de visite. Ceci fait, débarrassé d'un poids immense, allez voir les petites dames premières arrivées. Elles s'ennuient d'attendre et vous sauront gré de votre visite. Il y a de plus prétexte, si vous êtes souple, à de jolis bonds de banquettes en banquettes.

Gardez-vous bien de confier votre pardessus au vestiaire, en prévision des difficultés de la sortie. Fourrez-le n'importe où sur une échelle, sur un voisin, voire même dans le piano.

Employez vos loisirs à vous faire un ami de l'un des écuyers-commissaires.

Il pourra faciliter l'arrivée de quelque dame de vos amies, lui apportera le programme et lui enverra des rafraîchissements pendant l'entr'acte.

Si vous n'avez pas de place réservée, installez-vous debout *au premier rang* près des écuries. Il y a aussi un petit truc canaille. On se glisse dans la loggia réservée aux femmes, on s'y cache, et quand la loge est bondée, on apparaît triomphant, et l'on affirme qu'il est impossible de sortir.

Il y a des protestations jalouses, mais, comme

votre expulsion gênerait encore plus que votre présence, on préfère vous garder.

Si vous êtes arrivé en retard, résignez-vous à votre malheureux sort; attendez l'entr'acte, et ne jouez pas l'intermède comique du monsieur qui fait le tour de la piste en réclamant à tout le monde le n° 22.

PENDANT

Entendez-vous avec les clowns pour les supplier de ne pas vous rendre ridicule devant vos nombreuses amies. Pas de poussière dans la figure; pas de chapeau emprunté et transformé en accordéon aux applaudissements d'une foule en délire... et même pas de conversation en anglais. Vous n'auriez rien à y gagner !

Quand l'hercule fait passer les poids, ne pas essayer de les soulever si l'on ne se sent pas en force.

Si votre voisine s'extasie sur le biceps du gymnasiarque, lui expliquer que la force musculaire n'a rien à faire avec la force nerveuse. Si elle doute, offrir de le lui prouver.

Quand l'écuyère passe devant vous, crier :

« Bravo! bravi! brava! » et taper le sol de votre canne, quitte à effrayer le cheval et à vous faire crier par le directeur cette phrase sévère mais juste : « N'applaudissez pas! »

Au moment des culbutes exécutées par toute la troupe, ne poussez pas des ah! comme un monsieur qui n'a jamais rien vu, et gardez toute votre admiration pour l'amateur qui exécute le double saut périlleux à quinze mètres au-dessus du niveau de la mer.

Applaudissez ferme la petite écuyère, élève de l'impresario. Cela fera plaisir à son maître. Le fait est qu'il est impossible d'agenouiller un cheval par un coup de cravache plus magistral.

Dites des bêtises aux deux petites danseuses, deux adorables gamines de seize ans, faites au moule, dont l'une se cache la tête dans les mains, quand on l'applaudit, par un geste gracieux d'oiseau effarouché.

Mais gardez tout votre enthousiasme pour la belle fille blonde qui, sur son vélocipède traverse toute la piste, comme Blondin, et porte sous la corde qui la maintient un des plus grands noms de France en maillot bleu de ciel.

Ne pas écouter le sportsman raseur et érudit qui critique tout : « Ce n'est pas cela! Elle a manqué son changement de pied, la volte est trop courte, la main est trop dure. » — S'il continue, lui répondre : « Si vous saviez comme ça m'est égal! Elle est jolie ? — Oui. — Alors, de quoi vous plaignez-vous ? »

Raconter à vos voisines des histoires aussi étonnantes qu'invraisemblables sur les amours des petites écuyères, et leurs débuts dans le monde.

Pendant l'entr'acte, s'exercer à la balistisque en envoyant dans les loges des fleurs, des programmes, une lorgnette, une voilette tombée, etc.

Profiter de ces dix minutes de repos pour combiner un joli retour dans des conditions agréables. Insinuez que vous avez votre voiture, et que le quartier est très dangereux après minuit.

A la deuxième partie, reprendre la première place venue pourvu qu'elle soit excellente, et bien savoir qu'à cette heure-là il n'y a plus ni droits acquis, ni place réservée.

Autant que possible se rapprocher de la femme ramenable.

Au dernier numéro du programme, s'occuper du manteau, du valet de pied, de la voiture, et lui faciliter une sortie heureuse et douce en l'emmitouflant avec une tendresse de père.

Au retour, tâcher de profiter de l'exaltation cérébrale produite sur votre charmante compagne par tous ces exercices. Lui dire qu'elle est cent fois mieux que l'écuyère, mille fois mieux que la danseuse, etc., etc., et rappeler la fameuse différence entre la force musculaire et la force nerveuse.

LES COULISSES D'UN BALLET

I

Au cercle des Truffes, après dîner, le peintre Pétrus, adossé à la cheminée lisait à haute voix le programme catapultueux envoyé par la direction de l'Éden :

... « La scène se passe en Espagne, dans le pays où les fleurs ont des parfums enivrants, où les femmes ont des yeux noirs comme du jais, où les rayons du soleil que la lumière électrique remplace si avantageusement, piquent des étincelles dans les paillettes d'or des habits chatoyants... »

— Pétrus, mon ami, interrompit Pignerolles voici le moment d'exécuter ta promesse.

— Tu tiens donc toujours à voir les coulisses d'un ballet, malgré ce que j'en ai dit?

— Plus que jamais !... je veux me baigner dans dans les rayons de cette lumière électrique plus *avantageuse* que le soleil ; je veux parler à ces femmes qui ont des yeux noirs comme du jais !..

— Eh bien, mon cher, c'est facile. Le régisseur a réglé cette année plusieurs scènes de la Revue du Cercle, et il se fera un plaisir de nous ouvrir les portes. Viens-y ce soir, et tu me laisseras tranquille. Car, si tu mets les pieds là une fois, je sais bien que tu n'auras pas envie d'y revenir.

— Voyons toujours !

Et, donnant un dernier pli vainqueur à sa moustache, Pignerolles prit le bras de son ami, et tous deux se dirigèrent vers la rue Caumartin.

Ils traversèrent une grande cour encombrée de décors, de portants, d'appareils contre l'incendie, et arrivèrent devant un petit tambour donnant accès aux coulisses. Ainsi que l'avait prévu Pétrus, le régisseur déjà costumé en paysan espagnol, accorda, le plus gracieusement du monde, l'autorisation demandée et introduisit les deux visiteurs.

Non sans un certain battement de cœur, Pignerolles entra sur la scène.

Il y régnait une animation extraordinaire. Des nuées d'ouvriers machinistes en pantalon de velours éraillé, avec des vestes tachées d'huile, portaient des décors, allumaient des herses de gaz, plaçaient des plans inclinés; au milieu d'eux, un petit homme frisé, moustachu, bedonnant, s'agitait comme un beau diable et criait dans un porte-voix : « Chargez ! Chargez encore ! Avez-vous pris le point de repère. Hier c'était trop bas. Maintenant ouvrez le trapignon ! Bon ! »

Le pompier montait mélancoliquement la garde devant le rideau, le gazier assis devant une espèce de clavier avait l'air de jouer de l'orgue. Pas un costume. Seuls, deux gentlemen en habit causaient avec un petit page bleu de ciel qui disait :

— Vous comprenez, ce n'est pas gentil. Il m'a fait un enfant et a disparu. Si bien que maintenant je ne puis plus danser dans les *distintes*, et suis reléguée dans les marcheuses... tant que je pourrai marcher...

Tout cela n'était pas d'une gaieté folle, mais on ne pouvait pas juger le cadre tant que les danseuses n'étaient pas là pour l'animer. Enfin, le régisseur cria : « Place au théâtre ! » et l'invasion se fit par toutes les portes.

Espagnoles en corsage de satin avec bas de soie

tiré brodé d'or, clowns au toupet pointu, myriade d'enfants en pierrots, seigneurs castillans, au feutre empanaché, etc.

Immédiatement ce fut un vacarme étourdissant, et le décor de la place de Grenade s'emplit de mouvement, de lumière et de bruit.

— Enfin, j'y suis ! se dit Pignerolles.

A vrai dire, les danseuses n'étaient pas jolies, jolies, vues de près ; le maquillage tranchait en larges plaques de blanc de perle sur les pommettes écarlates ; les yeux cerclés de kohl avaient leurs cils collés en petits paquets par une espèce d'enduit noirâtre ; peu de mains étaient propres et les ongles semblaient en deuil...

Quelques belles filles faisaient exception ; une, entre autres, sorte de Fornarina, en jupe écarlate avec large chapeau et collerette brodée ; grande, brune, bien découplée, campée dans une merveilleuse attitude, soutenant sa longue traîne de la main gauche. Comme le garçon des accessoires passait :

— Tou te fiches de moi, dit la belle fille. Regarde mes gants, ils sont dégoûtants.

— Il fallait les donner à Philibert.

— Ze me f... de Philibert !

Tout autour, figurants, figurantes, se bousculaient dans un brouhaha étourdissant.

— Silentio ! Silentio ! s'écria tout à coup, d'une

voix stridente, un petit jeune homme habillé en tyrolien, sec, maigre, le sourcil froncé.

Un calme relatif se rétablit; cependant, comme quelques rires continuaient.

— Monsieur Martin, cria le Tyrolien, mettez-moi Francia à l'amende, avec inscription au tableau.

Enfin, le rideau se lève. Des files de danseuses alignées au cordeau s'avancent vers la rampe; puis se divisent en deux lignes, et remontent par les bas côtés pour laisser la place à d'autres. De loin, cela fait peut-être beaucoup d'effet, mais de près, on entend trop les commandements du Tyrolien :

— Avancez! avancez! En ligne, nom de Diou! Bertola veux-tu lever tes bras! Maintenant, en arrière! Une, deux! Fichez-moi le campo, les seigneurs. Quels flemmards! Sergani à l'amende! Pesconi à l'amende! Et ils appellent cela danser! Poveri!

— Hum! hum! pensait Pignerolles, Pétrus aurait-il raison?

— Laisse passer l'Étoile, lui dit à ce moment Pétrus.

— L'Étoile! Où ça? où ça? s'écria Pignerolles, immédiatement repris par toute son émotion.

Il s'effaça contre un portant et vit arriver une petite femme maigre, assez jolie, avec des jambes admirables apparaissant sous une robe de tulle très bouffante et très courte. Elle était suivie d'une femme de chambre mal peignée, portant à la main un miroir ébréché et un gobelet d'étain rempli de colophane.

— Vite, la colophane! s'écria l'Étoile.

La femme de chambre choisit un morceau dans le gobelet, mais comme elle n'en finissait pas, l'Étoile prit la colophane avec rage et l'écrasa sous son talon; puis, après avoir esquissé un signe de croix imperceptible, elle donna soudain à sa physionomie une expression angélique et s'élança sur la scène en pirouettant.

Deux minutes après, elle rentrait derrière le portant, et s'affalait sur une chaise, sa maigre poitrine soulevée par des mouvements convulsifs, les cheveux collés aux tempes, de larges gouttes de sueur coulant le long du maquillage.

— Maria, vite le peigne! Besta! Tiens donc le miroir à hauteur.

Elle prit le peigne dans ses dents, d'un mouvement fébrile replaça quelques mèches éparses, étancha avec un mouchoir la sueur qui perlait sur sa nuque, puis reprenant son sourire extatique, elle se précipita sur la scène pour exécuter le pas de la séduction au bras d'un beau gars en pourpoint de velours et en maillot violet moulant des jambes d'hercule.

Quelques secondes après, le beau jeune homme rentrait à son tour dans les coulisses, le corps agité par un effroyable tremblement nerveux, lançant des ruades à gauche et à droite, et, mû par un tic étrange, tournant brusquement la tête de côté huit ou dix fois de suite...

De plus en plus pensif, Pignerolles demanda à quitter la place, sous prétexte de visiter le foyer.

— Allons au foyer, dit Pétrus triomphant.

Le grand ballabile de la mascarade était terminé; les machinistes enlevaient les portants. Des fils tombaient du cintre; par terre on se prenait les pieds dans des tuyaux à gaz, une procession de clowns, de bébés, de jockeys, de vieilles sorcières portant des hottes dorées se ruaient vers l'escalier, riant, criant, gesticulant, bousculant tout sur leur passage, et jetant leurs accessoires en clinquant dans de grands paniers où ils tombaient avec fracas.

Aussi fut-ce à grand'peine que les deux visiteurs gagnèrent le foyer.

Une pièce carrée, mal éclairée, avec des bancs contre le mur et des barres d'appui contre les glaces. Au centre de la pièce une quinzaine de figurantes changeaient rapidement de costume, exhibant des torses nus et des camisoles sales. Sur les bancs, dans des attitudes lasses, des

Espagnols causaient, empilés les uns contre les autres; ceux qui n'avaient pas pu trouver de place s'étaient assis sur les jambes en maillot de leur camarade. Une dizaine de petits pages peu mouchés se poursuivaient en jouant autour de la salle : de tout cet ensemble s'exhalait l'impression et l'odeur d'un bain à quatre sous.

Seules, corrigeant un peu le tableau, deux jeunes filles, fraîches, mignonnes, vêtues de tulle rose faisaient des pointes contre la barre d'appui, tandis qu'un grand gaillard à la moustache méphistophélique, à la tête couronnée de roses, se promenait gravement en élevant à chaque pas son pied à hauteur de l'œil, et essayant son pas de : Plume au vent.

— C'est ça le foyer? dit tristement Pignerolles.

— Il n'y en a pas d'autre, répondit Pétrus.

— Mais les étoiles, les *distintes*?

— Tout cela reste dans sa loge, et il est défendu d'y pénétrer.

— Alors, allons-nous en, j'en ai assez vu. Ces bousculades, ces odeurs âcres, ces agglomérations humaines, tout cela m'écœure et j'ai besoin d'air.

— Non! non! reprit vivement Pétrus. Tu n'as vu qu'un acte et la leçon ne serait pas complète. Je veux que tu voies tout le ballet, tu ne sortiras d'ici que radicalement guéri.

— Soit, répondit Pignerolles, tout à fait désillusionné.

II

Cependant les machinistes avaient planté sur le premier plan le décor de la Posada, tandis que tout au fond on dressait les échafaudages du pays de la Lune. Une vingtaine de mandolinistes, marchant en colonne, vinrent se placer du côté cour, précédant une Espagnole drapée dans un châle de couleur éclatante et marchant de ce pas spécial, ondoyant et rythmé, *le meneo*.

Les cheveux noir-bleu, plaqués bas sur le front, soulignaient des yeux immenses dont les coins semblaient rejoints par deux énormes accroche-cœurs collés sur les tempes. La bouche rouge comme une grenade souriait en montrant des dents superbes. L'Espagnole s'éventait d'un geste lent et doux, effleurant chaque fois son visage d'une caresse molle avec les plumes de l'éventail. Elle se débarrassa de son châle et montra une taille ronde et souple enserrée dans la basquine de satin cerise, des épaules potelées, des bras merveilleux; sous le jupon court garni de pampilles, la jambe se cambrait dans un bas de soie brodé d'or.

— Oh! oh! s'écria Pignerolles de nouveau intéressé, voilà une vraie femme!

Et de fait, de toute la personne de la danseuse au repos se dégageait comme un parfum de beau fruit bien savoureux, bien à point, un de ces fruits qui fondent dans la bouche en chatouillant toutes les papilles par la plus exquise sensation.

La toile se leva; les mandolinistes se rangèrent en bataille devant la maisonnette, et la danseuse, la toque de velours sur l'oreille, le poing sur la hanche, se campa toute droite devant le public, déjà séduit par cette gracieuse apparition. Au son des mandolines dont les cordes résonnaient avec un bruit cristallin, elle commença un merveilleux pas. Les pieds spirituels esquissaient sur le plancher toute sorte d'arabesques, tandis que le corps se renversait en arrière avec des attitudes lasses, et que les yeux mourants avaient l'air de poursuivre je ne sais quel rêve intérieur. Puis le mouvement s'accentua ; les deux mains élevées au-dessus de la tête retombaient ensuite le long du corps en décrivant une spirale voluptueuse, les doigts fuselés ébauchaient un effleurement imaginaire et la taille flexible comme une liane, exécutait une rotation lente et lascive scandée à chaque tour par un déhanchement brusque. Soudain, la danseuse jeta à terre sa toque de velours, et autour de cette coiffure masculine, commença une ronde enveloppante et folle ; toutes les séductions, les agaceries énervantes, les gamineries exquises de l'amour le plus corrompu et le plus raffiné étaient prodiguées à cette toque de velours autour de laquelle la danseuse tournait, tantôt s'offrant, tantôt se reprenant par une cambrure en arrière, tantôt l'attirant vers elle par une étreinte passionnée, tantôt la repoussant avec un sourire. Enfin elle se pencha, et, les yeux étincelants, la bouche entr'ouverte, le teint animé, elle campa vivement la toque sur sa tête d'un grand geste triomphant...

La salle entière croulait sous les applaudissements, les musiciens s'étaient levés et frappaient le dos de leur violon avec leur archet, les figurants eux-mêmes semblaient subir l'enivrement général. Pignerolles était si troublé, qu'il dut s'appuyer contre un portant.

— Ah! mon ami, dit-il d'une voix tremblante à Pétrus, quelle charmeresse!

— Bah! toutes les Espagnoles dansent ainsi, répondit Pétrus avec flegme, et ce pas-là est des plus connus à Madrid.

Qu'importait à Pignerolles. La danseuse ne venait pas moins de lui faire éprouver une sensation indéfinissable, et, soudain, la vaste scène de l'Éden lui apparut sous un jour tout nouveau. Le décor de la posada avait disparu dans les dessous, les nuages de tulle s'étaient successivement levés laissant apercevoir un paysage étrange et fou. Des centaines de jeunes femmes étaient couchées sur un plan incliné, et tous ces corps demi-nus avaient l'air de chanter une ode merveilleuse à la chair. D'abord, tout cela vague, à peine estompé dans une demi-lueur, ayant tout le flou, tout le frissonnement indécis d'un paysage de Corot, et là-bas, dans les frises, une forme gracieuse, vaporeuse, aérienne, se tenait droite au milieu des stalactites et des rochers à reflets de perle fondue. Peu à peu le dernier voile se leva, la lumière électrique éclata radieuse avec des rayonnements lilas d'apothéose, et, soudain, les femmes couchées se dressèrent debout tenant dans leurs mains des bouquets d'étoiles d'argent...

Les vulgarités avaient disparu. Au centre de

ce tableau magique, l'amant et l'amante apparaissaient à distance, elle, belle comme Diane, lui, beau comme Apollon. Au milieu de ces constellations fulgurantes, on eût dit un beau rêve d'amour partagé, symbolisant la vigueur, la légèreté, l'élan des âmes, le sentiment de domination sur tous les êtres dont le désir gonfle les cœurs...

Et, si Pignerolles comprenait toute la poésie de ce ballet, c'est que, de l'autre côté de la scène, appuyée sur un nuage d'argent, la danseuse espagnole était toujours là, dardant sur lui ses yeux de flamme...

Et, quand la toile tomba, lorsque la lumière électrique s'éteignit, lorsque les planètes, les étoiles, les astres descendirent des nuages pour regagner les coulisses, Pignerolles parut sortir d'un rêve.

— Déjà fini ! s'écria-t-il.

— Comment, dit le méphistophélique Pétrus, tu n'en as pas assez !

— Certes non ! je reviendrai ici tous les soirs !

—

Ce que Pignerolles n'a pas dit à Pétrus, c'est que, depuis ce moment, il est amoureux fou de l'Espagnole.

CAPRIA

I

Elle aurait dû être heureuse, la petite Liona Fêtard, car Saint-Machin était certes l'amant le plus attentionné, le plus épris, le plus riche et le plus généreux qu'on pût rêver. Elle avait un hôtel charmant, rue de Prony, un buggy avec un double cob qui allait vite, vite, vite, buggy agrémenté d'un groom haut comme une botte; elle avait un coupé huit ressorts avec un gros cocher et deux carrossiers de Norfolk, constituant un ensemble des plus majestueux. On payait sans compter ses notes chez Fringa et chez Birot. Elle avait un bon cuisinier, un excellent estomac et un tempérament impressionnable, et pourtant elle n'était pas heureuse.

— Vois-tu, disait-elle à Saint-Machin, avec tout cela, je ne suis jamais qu'une demoiselle, une horizontale, une cocotte, le mot importe peu; bref, j'appartiens à la galanterie, rien qu'à la galanterie. Ah! si j'étais artiste, la situation serait toute différente!

— Je ne puis pourtant pas te faire entrer au Conservatoire! disait Saint-Machin désespéré.

— Non, je n'ai pas de mémoire; et puis cela m'ennuierait d'apprendre un tas de machines en vers.

— Veux-tu que je paie une forte somme à un directeur pour te faire figurer dans une féerie?

— Merci, je ne tiens pas à être la deuxième grue côté cour, ou le troisième coléoptère côté jardin.

— Mais enfin, que veux-tu être?

— Je veux être *quelqu'un*. Je veux qu'on parle de moi dans les journaux autrement que pour célébrer mes toilettes, ou mon nez troussé *à l'imprudence*.

Un beau matin, elle arriva, toute rose, dans le cabinet de toilette de Saint-Machin, occupé à prendre sa douche quotidienne avec massage au poil de chameau. Elle était charmante avec son petit costume anglais, sa toque en loutre, sa rose thé à la boutonnière et ses gants gris perle à barrette.

— J'ai trouvé! s'écria-t-elle en sautant au cou de Saint-Machin, qui s'ébrouait dans un rayon de soleil.

— Qu'est-ce que tu as trouvé?

— Je veux être artiste comme les autres, au Cirque.

— Allons, bon! Mais tu n'entends rien à l'équitation, et tu as toujours eu une sainte frayeur des chevaux. Oserais-tu présenter un sauteur en liberté, si dressé qu'il soit?

— Oh! non, mais on peut présenter d'autres animaux.

— Quoi? des chiens, des éléphants, des lions, des léopards?

— Tu es bête, mon pauvre ami. Je voudrais quelque chose de pratique et de doux. Une chèvre, par exemple. On dit que cela se dresse très bien. Je m'habillerais en Esmeralda, une espèce de costume égyptien avec de vieilles étoffes, et des sequins dans les cheveux; tu verrais comme je serais jolie!..

L'idée de ce costume souriait assez à Saint-Machin. Évidemment Liona serait ravissante; mais il restait une difficulté. Le Cirque n'engageait pas ainsi la première venue; l'Hippodrome non plus. Si encore elle avait fait ses preuves ailleurs... On pourrait essayer chez Fernando...

— Propose-moi tout de suite Corvi! s'était

exclamée Liona avec dédain, ce n'est pas cela que j'entends.

Et, avec mille grâces félines, se suspendant au cou de son ami, elle aborda une grosse question. Pourquoi Saint-Machin n'aurait-il pas un cirque à lui, bien à lui, dont il serait le directeur et dont elle serait l'étoile? Rien ne posait mieux un gentleman dans le monde du sport, et même dans le faubourg Saint-Germain. Il était assez riche pour construire un établissement cent fois plus élégant que le cirque cependant si couru de la rue Benouville. On s'arracherait les invitations. Lui, se montrerait en écuyer sur quelque cheval habitué à faire de la haute école et du passage rien qu'en entendant certain pas redoublé, et elle présenterait sa chèvre. Le lendemain, tous les journaux parleraient d'elle. Ce ne serait plus la petite Liona Fétard, mais une artiste n'ayant rien à envier aux Élisa, aux Loïsset, ou aux Nouma-Hawa. Alors elle serait heureuse, bien heureuse, et elle aimerait son Saint-Machin tellement, tellement!!!..

Et, pour lui donner un avant-goût de ce paradis promis, elle se serrait contre lui, le chatouillant avec ses mèches blondes, le grisant du parfum qu'exhalait sa gracieuse personne. Au fond, elle avait peut-être raison, Liona; un cirque était, pour lui comme pour elle, un moyen de se poser admirablement. Et puis elle était si chatte, si serpentine en demandant son cirque ! Il eût fallut être de bronze ou de coton pour refuser, et Saint-Machin mettait sa force à être très faible avec les femmes.

— Eh bien, oui ! s'écria-t-il, tu auras ton cirque, tu auras tes spectateurs, tu auras ta chèvre. Je me charge de tout, et je te promets des merveilles.

Dès le lendemain, il achetait un immense terrain au bout de l'avenue Kléber, sur les hauteurs du Trocadéro. Quelques jours après, les plans étaient dressés, les devis étaient achevés, et des nuées d'ouvriers se mettaient au travail. Bientôt les constructions s'élevaient comme par enchantement.

Un architecte érudit avait copié les basiliques de Ravenne et construit un cirque des plus byzantins, mais avec tout le luxe et le confort modernes. L'or ruisselait sur les murailles, étincelait sur les galeries, ressortait sur les croupes d'animaux bizarres encadrant les peintures à fresque. Puis le velours écarlate vint apporter sa tonalité chaude, sous la forme de lourds coussins dans les stalles, d'immenses vélums, de longs rideaux à crépines. On ne parlait plus, dans les cercles, que des merveilles accumulées par Saint-Machin pour servir de cadre à l'étoile.

On avait travaillé nuit et jour, à la lumière électrique, pour avancer les travaux. Les équipes d'ouvriers avaient été payées double. Ce petit coin de Paris, si désert quelques semaines auparavant, était devenu une véritable ruche humaine, retentissant du bruit des grues et des poulies, du sifflet des machines à vapeur, des jurons des charretiers, des claquements de fouet, des appels de la cloche convoquant au travail. Trois mois après, jour pour jour, le cirque était terminé. On présenta la note à Saint-Machin, qui ne put s'empêcher de faire la grimace; les prévisions avaient été terriblement dépassées. Avec le prix du terrain, la main-d'œuvre et la partie artistique, on avait dépensé plus de neuf cent mille francs. Mais bast! Liona Fêtard était heureuse. Elle allait pouvoir débuter, car, entre temps, Saint-Machin avait couru toutes les foires et les fêtes de banlieue pour lui trouver une chèvre savante, et avait fini par dénicher un phénomène répondant au nom de Capria, qui marchait au pas espagnol, dansait la polka, se tenait debout sur deux bouteilles, sautait des obstacles et devinait la personne la plus amoureuse de la société. Capria était blanche comme du lait et avait une belle barbiche qui lui donnait un faux air de Jules Favre.

Il fallut également recruter tant bien que mal

une troupe d'amateurs parmi les camarades de bonne volonté. Quelques-uns tiraient d'une façon passable; d'autres avaient fait un peu de trapèze; les cavaliers furent faciles à trouver, et l'on organisa un quadrille en habit rouge. D'ailleurs, il ne fallait aucun talent trop en évidence pour laisser bien en lumière les charmes et la grâce de Liona Esmeralda.

Quand tout fut prêt, Saint-Machin lança ses invitations sur papyrus byzantin. Ce fut une véritable fureur. Dans tous les cercles, dans le monde du sport et de la haute finance, on fit demandes sur demandes pour obtenir, ne fût-ce qu'un *strapontinum* dans le fameux cirque byzantin. Quant au personnel du théâtre et de la galanterie, il fit des bassesses pour obtenir une place bien en vue. *To be or not to be.* Avoir ou n'avoir pas été à la représentation du cirque Saint-Machin, toute la question était là. Pendant huit jours, ce fut l'unique préoccupation de Paris; on en oublia le Tonkin et le scrutin de liste. Saint-Machin, malgré ses trois secrétaires, ses onze commissaires et son maître des cérémonies byzantin, ne savait plus à qui répondre; mais Liona rayonnait. La chèvre Capria obéissait au doigt et à l'œil, et les répétitions marchaient sur des roulettes. Tout faisait prévoir un immense succès, et déjà des journaux mieux informés que les autres avaient lancé certaines insinuations, au sujet d'une nouvelle dompteuse, qui avaient vivement excité la curiosité publique.

La petite Liona Fêtard allait donc être une artiste !...

II

Enfin le grand jour arriva. Les abords de l'Arc-de-Triomphe présentaient une animation extraordinaire. Dès huit heures du soir, on ne pouvait pénétrer dans l'avenue Kléber que muni du papyrus byzantin. La queue des voitures commençait sur l'avenue des Champs-Élysées, à la rue de Berry. Tout le long du parcours, les réverbères avaient été enlevés et remplacés par des flèches indicatrices au gaz.

Dans la direction du Trocadéro, un immense soleil électrique alimenté par trois machines à vapeur servait de phare directeur. Arrivé à hauteur du phare, on passait sous un arc-de-triomphe embaumé, mi-partie gardénias et violettes, et l'on pénétrait dans une cour d'honneur dallée en mosaïque multicolore. Sur cette cour ouvraient les écuries brillamment illuminés. On apercevait les boxes somptueux avec les mangeoires en marbre blanc, les chaînes de cuivre, les râteliers en fer ouvragé, et la litière bordée d'une magnifique frange en paille tressée.

Mais par exemple l'on ne pouvait s'empêcher de pousser un cri d'admiration en pénétrant dans le grand hall précédant le cirque. Du cintre à hauteur d'une cathédrale, pendaient des oriflammes de tous les pays, les murailles disparaissaient sous de merveilleuses tapisseries des Gobelins; le sol avait été transformé en jardin d'hiver avec des massifs de plantes vertes et de véritables parterres de fleurs. Trois escaliers à double rampe partaient de ce jardin et conduisaient aux gradins du cirque, et tous les dix pas s'étalaient des affiches gigantesques sur lesquelles les noms de LIONA FÊTARD et de CAPRIA flamboyaient en lettres majuscules.

Quant au cirque, un véritable éblouissement. Aux galeries supérieures, tout ce demi-monde que l'Europe nous envie était là sous les armes. Robes de bal à reflets chatoyants, cascades de perles, rivières de diamant, aigrettes fièrement campées dans les chevelures blondes; trois rangées de femmes presque toutes jeunes, en tout cas toutes jolies, ou ayant à défaut de beauté réelle, cette chose pire qu'on appelle le chic et la séduction. Jeune garde et vieille garde, artistes, tout le monde était à son poste, confondu dans une salade gracieuse, touchante et fraternelle. Il y avait là Altesse en tulle mauve, de Léry en bleu saphir, couverte de perles métalliques, la plantureuse Faro, en robe serpent, Vimmer en rose, avec des grelots d'or, Mignoret et Monzalès, l'une en gaze bleue, l'autre en gaze rouge, Laure Schuman, véritable Greuze en robe pompadour, au cou un collier de perles avec croissant en diamant, Lepita, la taille serpentine moulée dans une robe de tulle brodée d'épis, Lianca emmitouflée dans un domino gris perle, etc., etc. Sous les feux de la lumière électrique, toutes ces jolies têtes souriaient dans des lueurs d'apothéose, tandis que, par la galerie ouvragée à jour, les yeux attendris pouvaient apercevoir sous les ruches chicorées terminant les traînes, tous les petits pieds chaussés de souliers de satin assortis à la robe, et les bas de nuance extravagante, moulant les jambes exquises. L'architecte avait eu là une idée aussi géniale que byzantine.

Cette innovation avait été vivement appréciée des spectateurs en habit noir, assis au rez-de-chaussée, qui, en attendant la représentation, n'avaient ni assez d'yeux, ni assez de lorgnettes pour admirer ce spectacle enchanteur. Au centre, dans une espèce de loggia tendue en satin pourpre, se tenait debout Olivier Patatra, avec ses cent musiciens, costumés en grecs du Bas-Empire, envoyant sous les hautes voûtes des fanfares triomphales.

Il n'y avait qu'une voix pour admirer le luxe fantastique déployé par Saint-Machin. De mémoire de joyeux viveur, on n'avait assisté à une fête donnée dans un cadre plus royal et plus byzantin. Du bas en haut, des murmures de voix, des balancements d'éventails, ce joyeux brouhaha qui caractérise une réunion de gens qui appartiennent à la même bande et sont heureux de se retrouver. Les messieurs interpellaient ces dames qui leur souriaient avec des bouches plus rouges que nature. Ils leur jetaient des fleurs, recevaient parfois en échange des bonbons; on se sentait tout à fait en famille.

Les parfums du white rose, du sandringham, d'opoponax, de peau d'Espagne, se mêlaient aux odeurs âcres des écuries.

A l'heure dite, au son des fanfares de l'orchestre de Patatra, le spectacle avait commencé. Le gros Solange, déguisé en « dame espagnole » avec une amazone écarlate moulant des appas majestueux, un feutre mousquetaire à panache, une perruque rousse et la photographie de son *mari* en broche, avait présenté un cheval en liberté. Entre chaque exercice, Solange exécutait des révérences gracieuses qui faisaient la joie de la galerie.

Après, il y eut un saut périlleux exécuté par une troupe d'acrobates, parmi lesquels on comptait un duc, cinq vicomtes et trois marquis. Puis Saint-Machin *lui-même*, le torse moulé dans un habit bleu à boutons d'or, fit son entrée sur un grand cheval alezan mis au bouton et exécutant tous les mouvements de la haute école la plus compliquée.

Tout à coup un roulement de tambour retentit. Tous les écuyers formèrent une double haie jusqu'au centre de la piste et, au milieu d'une ovation indescriptible, Liona fit son entrée, la cravache à la main et suivie de sa chèvre Capria. C'est qu'elle était vraiment ravissante, la petite Liona, avec sa coiffure orientale, sa veste courte laissant voir les bras nus, la taille emprisonnée dans une soyeuse étoffe indienne, tandis qu'une ceinture d'or absolument byzantine serrait l'étoffe contre les hanches. La salle croulait sous le bruit des applaudissements, tandis que l'orchestre avait entonné la *Marche turque*. Tous les écuyers évacuèrent la piste soigneusement ratissée et lisse comme un tapis doré, et Liona resta seule avec sa chèvre sur laquelle les machinistes faisaient converger tous les rayons de la lumière électrique.

La dompteuse s'avança au centre de la piste, salua la foule de sa cravache par un mouvement très étudié, mais plein de grâce, puis elle fit signe à Capria d'avancer. Celle-ci accourut au petit trot, et Liona prit du champ pour la faire sauter.

Mais, tout à coup, il y eut un grand cri dans la salle, puis des cascades de rires inextinguibles. La chèvre, en pleine lumière électrique, s'était accroupie dans une lamentable attitude, et, sans souci de la brillante société devant laquelle elle avait l'honneur de comparaître, s'était mise à satisfaire un besoin des plus naturels, mais des moins poétiques. En vain Liona, rouge, confuse, perdant la tête, appelait Capria avec des gestes désespérés. La bonne bête n'en continuait pas moins au milieu d'une hilarité insensée. A la galerie, les femmes se renversaient les unes sur les autres dans des attitudes pâmées; en bas, dans les gilets en cœur, les ventres avaient de tumultueux tressautements. Il y avait des spectateurs qui pleuraient de joie. Là haut, les musiciens se tordaient. Jamais on ne s'était tant amusé, jamais on n'avait si bien ri.

La pauvre Liona, d'abord anéantie, comprit en une seconde l'étendue du désastre. Le ridicule ne pardonne pas. Les larmes aux yeux, elle reprit désespérément le chemin des écuries, tandis que Capria, heureuse de la satisfaction du devoir accompli, la suivait en gambadant.

En vain, les spectateurs voulurent la rappeler. Il y eut une nouvelle apparition d'un groom très élégant, armé d'une vaste pelle qui redoubla l'hilarité. Tout était fini...

—

Et voilà pourquoi le monde équestre et artistique compte une étoile de moins, et pourquoi la petite Liona Fêtard est restée tout simplement une ravissante fille avec un nez troussé à l'imprudence — ce qui, après tout, est quelque chose.

PROMENADE MATINALE

... Mon lieutenant, il est quatre heures. — Je réponds par un grognement. — Quatre heures, mon lieutenant, insiste mon ordonnance, et il faut être à cheval à quatre heures et demie. — Je me tourne et me retourne, essayant d'engager avec mon oreiller des raisonnements désespérés, tandis que mon dragon se promène lourdement dans la chambre, en faisant sonner ses éperons avec affectation.

J'ouvre un œil; au coin du lit, je vois mes grandes bottes luisantes comme des miroirs, puis, étalé sur une chaise, ma tunique de manœuvre, mon sabre, ma giberne... Allons, il n'y a plus à hésiter. Houp! à bas du lit!

Et me voilà sur pied ; il fait un temps superbe, l'avenue de Saint-Cloud est encore déserte, et devant ma porte j'aperçois ma brave jument qui toute harnachée, attend tranquillement en mâchant son mors et hennit tout à coup en me voyant à la fenêtre. — Eh bien, vrai, je ne suis plus du tout fâché d'être levé.

Me voilà parti à la tête de mon peloton avec mission d'aller reconnaître les environs du Mont-Valérien, et d'exercer les hommes au service en campagne. — Les chevaux sont bien en main et éternuent bruyamment en humant avec plaisir la fraîcheur du matin ; les hommes, derrière moi, alignés par deux, causent gaiement, heureux de respirer un air plus pur que celui de la chambrée ; enfin le soleil luit sur tout cela, piquant des étincelles d'or sur les boutons des habits et les ornements des gibernes. J'envoie éclairer la route à droite et à gauche, à deux kilomètres, puis une partie du peloton part avec un sous-officier pour fouiller Suresnes. Devant moi s'étend la vallée de la Seine, au delà de laquelle apparaissent dans un léger brouillard les arbres du Bois de Boulogne. L'herbe est humide de rosée ; il s'est attaché aux fleurs de petites gouttes d'eau qui brillent comme des perles, tandis qu'ailleurs il s'est formé comme de longs fils de la Vierge. Dans les bois, les oiseaux s'éveillent et gazouillent ; partout le calme le plus complet ; avec cela il souffle un petit vent frais, délicieux, et je me sens envahi par un bien-être indéfinissable. Au loin, dans une vapeur bleuâtre, apparaissent confusément les monuments et les premières maisons de Paris...

—

Et je songe que, dans ce Paris, il y a quelque part une rue Laffitte, où dort pesamment mon cousin Raymond, qui certes passe pour un heureux garçon. Il va se lever à onze heures ; il déjeunera sans appétit ; il s'habillera ensuite, hésitant un moment entre la cravate bleue à pois noirs ou la cravate noire à pois bleus ; puis il montera à cheval sans conviction, et fera faire au pas, la bride sur le cou, le tour du bois à sa jument. C'est ennuyeux, mais c'est la mode. Le soir, il endossera l'habit noir et ira passer sa soirée dans un lieu public quelconque ; il y bâillera pour la bonne raison que tous ces plaisirs toujours répétés l'ennuient profondément, et enfin il ira se coucher très tard, se demandant si, comme Titus, il n'a vraiment pas perdu sa journée. Moi, je suis levé depuis quatre heures, et je vous assure que je ne m'en repens pas ; tout le long des rampes qui mènent au fort j'aperçois mes petits dragons qui vont, qui viennent et qui galopent à faire plaisir. — Ils vont revenir : d'après leur rapport j'enverrai un topo au général, un rien, quelques hachures, un peu de bleu pour faire la Seine, un peu de rose pour faire le fort, çà et là quelques teintes vertes plaquées à grande eau, et puis voilà : le général sera enchanté. — A dix heures, j'irai déjeuner à la pension avec mes camarades. Dix huit belles fourchettes, je vous assure, car eux aussi se sont levés matin, et le grand air a ouvert de formidables appétits. Nos âges varient de vingt à trente ans et dame, les conversations sont quelquefois un peu décolletées ; mais, en somme, c'est d'une gaieté folle. A onze heures, on nous communiquera la décision ; peut-être y aura-t-il quelque revue à passer, quelque expérience de tir, quelque ordre à donner ; de toute façon on aura le sentiment de faire quelque chose d'utile, et, après cela, il pourra bien arriver qu'on aille passer gaiement la soirée à Paris ; le maréchal Bugeaud n'a-t-il pas dit que « la bonne humeur était une vertu militaire ». — Le soir, on dormira du sommeil du juste, et le lendemain on recommencera de plus belle.

Et, quand on a fait ce métier-là pendant quelque temps, non seulement on y prend goût, mais on finit par trouver que c'est la seule existence possible. Ah ! mon pauvre cousin Raymond, que vous nous faites peu envie, vous et la bande de crevés où vous vivez. Tenez, on avait cru que cette race était disparue, eh bien, allez au cirque un samedi soir, et vous m'en direz des nouvelles. Les teints sont de nouveau pâles, les yeux plombés et les dos voûtés. Voici donc ce que sont redevenus ces gaillards au teint bronzé qui s'en allaient le képi sur l'oreille et le sabre au poing se battre et se faire tuer si brillamment! Où sont donc les francs-tireurs de Franchetti, les mobiles de Machenoir, les gardes nationaux de Buzenval? Hélas, la paix leur a créé de nouveaux loisirs, et ils sont redevenus aujourd'hui ce qu'ils étaient hier. Eh bien, entre nous, est ce pas dommage qu'une bonne et belle loi sur le service obligatoire vienne rendre à tous ces pâles crevés la santé, la bravoure et la gaieté?

—

Tenez, mon cousin, supposez qu'on vous ait un beau jour donné comme à moi après Reischoffen, un détachement de vingt-cinq conscrits à conduire de Lille à Metz. Cela n'a l'air de rien, — mais les chemins de fer ne marchaient qu'avec intermittence. Il a fallu conduire, loger, nourrir et surtout surveiller ces hommes au milieu de mille difficultés. Les populations, par sympathie, voulaient nous les griser; on chantait trop *la Marseillaise*, et, plusieurs fois, hélas! il fallut employer avec mon brave sous-officier la force physique pour les faire remonter dans leurs wagons. Nous arrivâmes à Metz l'avant-veille de la bataille de Borny, juste au bon moment. Oh, le beau temps de combats, de fatigues et de dangers ! On ne dormait plus, on ne campait plus ; on mangeait rarement, mais on se battait tous les deux jours, et quelles batailles : Borny, Gravelotte, Saint-Privat, Colncy, Saint-Sébastien, luttes qui nous laissaient pleins d'espoir, car elles étaient presque des victoires. Puis tout s'arrêta ; on resta deux mois au camp sous la pluie, dans la boue, sans autres nouvelles que les sinistres rumeurs qui nous arrivaient du dehors, sans autre nourriture que nos derniers chevaux, qu'on ne nourrissait plus et qui tombaient d'eux-mêmes avant d'avoir été désignés pour la boucherie. A la fin d'octobre, nous reçûmes le dernier coup, on nous apprit la capitulation en même temps qu'on nous donnait l'ordre de conduire nos troupes à l'ennemi.

Jamais je n'oublierai ce jour-là. On revêtit la grande tenue, on mit une dernière fois les plumets, les épaulettes et les aiguillettes d'or, puis on mena les hommes bien alignés devant la ferme de Bellecroix — tout le monde pleurait.— Un à un, nous remîmes les hommes de notre peloton à un major prussien qui en faisait l'appel à haute voix ; le soldat nommé sortait du rang, vous lui donniez une dernière poignée de main, puis il passait de l'autre côté... et vous cessiez d'être son officier. Lorsque ce fut fini, le plus ancien adjudant, qui dès lors faisait les fonctions de colonel, se passa la main sur les yeux, toussa, puis commanda d'une voix sonore:

— Par quatre files à gauche ! marche ! en avant, guide à gauche.— Et nos braves compagnons s'éloignèrent au cri de : « Vive le colonel, vive la France ! »

Croyez-vous que de telles émotions s'oublient ; croyez-vous que lorsqu'on a ainsi connu la faim, la soif, le péril et la douleur, on ne sente pas en soi-même qu'on vaut quelque chose de plus. Après, nous partîmes à notre tour en Allemagne, empilés dans des wagons à charbons, assis à découvert sur nos cantines, par une pluie battante, sans même savoir où l'on nous envoyait. En captivité nous eûmes chaque jour sous les yeux les caricatures, les articles et les chansons faites contre nous ; chaque soir nous entendîmes crier par les rues de la ville les nouvelles de nos désastres ; nous vîmes de nos fenêtres les illuminations et les réjouissances fêtant les conditions désastreuses de la paix. Nous avons tout éprouvé ; le cœur a autant souffert que le corps, mais, au milieu de tout cela, nous avons vécu doublement, et, un beau jour, lorsque nous sommes revenus en France, nous nous sommes trouvés tout autres, faits et prêts à tout, ayant beaucoup vu, beaucoup appris, et surtout rien oublié.

—

— Vous aussi, mon cousin, vous n'avez rien oublié, et vous comptez bien nous le prouver un jour; mais, pour cela, il ne faut pas rester chez soi, il faut accepter franchement les conséquences de la nouvelle loi et...

...— Mon lieutenant, nous avons visité Suresnes. Il y a environ deux mille habitants ; hangars pour sept cents chevaux, manufacture d'acier, quatre boulangers, trois bouchers et une forge. Les routes qui conduisent au fort sont bonnes, et l'on pourrait y marcher en colonne par quatre.

— Déjà neuf heures et demie ! à quoi diable pensais-je ! C'est bon, mon brave, rassemblez vos hommes, et maintenant vivement au trot pour rentrer au quartier. Sapristi que j'ai faim !

POUR LES PAUVRES

— Alors, Cheramy, demanda don Miguel y Gibraltar, vous pensez que mes amis Papelitos, Castagnettas et moi, nous ferions bien d'aller à cette Fête des Fleurs?

Cheramy, l'âme de toutes ces fêtes, répondit:

— Comment donc! Mais, c'est-à-dire, que les personnes qui manqueraient à cette réunion de charité, seraient à jamais rayées du livre d'or des notabilités parisiennes.

— Diable, et comment faut-il se rendre à cette fête, en victoria, en landau?

— Il faut y aller en break, à quatre chevaux, avec la caisse, les roues, les lanternes, les sièges garnis de fleurs. Tout le faubourg Saint-Germain sera ainsi enguirlandé.

— Pas possible!

— Il faut que votre cocher ait un bouquet à son fouet, que les valets de pied aient un bouquet à la boutonnière, que sur les coussins vous ayez des corbeilles dorées pleines de petits bouquets bien en main, et tout prêts à être jetés. Venir autrement à la Fête des Fleurs serait indigne d'un Miguel y Gibraltar.

— Je vous remercie... Seulement... dans mon pays, nous n'enguirlandons jamais nos breaks et...

— Ne vous occupez de rien : je vous enverrai ma fleuriste, et elle se chargera de tout sur ma recommandation. Je dis *sur ma recommandation*, car demain vous ne trouveriez pas, dans tout Paris, un bouquet de roses. Avec une centaine de louis, vous aurez un break des plus catapultueux, et du coup, vous prendrez rang parmi les hautes personnalités mondaines, les *select* et les *exquisits*.

— Cent louis?.. Enfin pour être *exquisit*, ce n'est vraiment pas trop. Dites à votre fleuriste que je lui donne carte blanche.

Le lendemain, la rue Christophe-Colomb était en rumeur. Tout le monde s'était mis aux fenêtres pour contempler, non sans une nuance d'étonnement, un magnifique break à quatre chevaux qui stationnait devant l'hôtel de Gibraltar et disparaissait littéralement sous les fleurs.

Le cocher et le valet de pied avaient une casquette de roses mi-partie blanches et rouges, et le fouet garni de fleurs enroulées comme autour d'un mirliton, portant un bouquet en guise de mèche.

A quatre heures, le comte Miguel y Gibraltar, escorté de ses amis le maréchal Castagnettas, le marquis Papelitos et quelques autres seigneurs de moindre importance, montèrent triomphalement dans le break, qui prit le chemin de l'Arc-de-Triomphe. Arrivée devant les Pannés, la voiture enguirlandée eut un véritable succès. On grimpait sur les chaises, on se bousculait pour mieux voir; c'était des oh! et des ah! dictés autant par la surprise que par l'admiration. Dans l'avenue du Bois-de-Boulogne, on accrocha trois fois, tant le break donnait de distraction aux autres cochers. Pendant ce temps, nos amis se rengorgeaient tout fiers dans leur belle voiture, grisés de parfums et d'acclamations. Ah! je vous prie de croire qu'ils ne regrettaient pas leurs cent louis! Quel enthousiasme ils allaient causer parmi les *exquisits* du noble faubourg, et quelle superbe façon de représenter la République Équinoxiale du Sud à Paris!

En arrivant au bois de Boulogne, il fallut passer au pas pour prendre la file. Boggys élégants, charrettes anglaises bien suspendues, phaétons corrects et dignes, milords moelleux, huit ressorts gigantesques avec cocher se perdant dans les nues, cabriolets attelés en tandem, etc., etc., arrivaient au trot à une allure bien cadencée et prenaient le pas en atteignant la queue de la file qui bientôt rejoignit la tête. Les ornements du frontail, les chiffres des sellettes et des plates-longes, les chaînes des attelles, le métal des lanternes, tout cela étincelait au soleil, dans une poussière d'or, tandis que les fouets, tantôt immobiles, tantôt levés, pour indiquer un temps d'arrêt, formaient une ligne bizarre, toute frissonnante sous le bleu du ciel. Mais de voitures de fleurs, aucune!.. Çà et là, les gardes municipaux, en grande tenue de service, avec la culotte blanche et le plumet au casque, se tenaient immobiles, comme des récifs, au milieu de ce flot roulant de voitures. A l'entrée des lacs, la musique de la garde républicaine, rangée sur une estrade, faisait entendre ses plus brillantes fanfares. Au loin résonnait le vacarme populaire de la fête foraine de la Muette, comme un écho affaibli de pétarades, de roulements de tambours mêlés aux glapissements des orgues de Barbarie.

A hauteur du premier lac, nos rastaquouères avisèrent Cheramy qui, la boutonnière ornée des insignes de commissaire, indiquait des mesures d'ordre aux sergents de ville et aux gardes du bois. Il salua au passage le break de Gibraltar.

— A la bonne heure, lui dit-il, vous êtes tout à fait dans la note.

— Vous trouvez? dit Miguel; y a-t-il beaucoup de voitures fleuries?

— Beaucoup. La bataille des fleurs a déjà commencé.

— Mais, insista Castagnettas, je ne vois que nous ainsi enguirlandés.

— Plus loin, entre les deux lacs, vous verrez, vous verrez!..

Là-dessus, le break s'engagea dans l'allée des lacs. Ce n'était plus de l'admiration qu'il causait, mais de la stupeur. La foule faisait la haie sur le passage, on montait sur les coussins des voitures, on se penchait au dehors des portières; mais, d'ailleurs, sauf deux ou trois véhicules, servant de réclame à quelque grand fleuriste du boulevard, on ne voyait pas une seule autre voiture fleurie. Miguel y Gibraltar commençait à être un peu inquiet. Castagnettas commentait les brocards qui s'élevaient de la foule. Papelitos était exaspéré et affirmait au maréchal que le break était absolument grotesque, et qu'ils étaient en train de se couvrir de ridicule devant tout Paris.

Une seconde fois, ils happèrent au passage Cheramy, toujours très affairé et flanqué de deux officiers de paix.

— Pardon, s'écria Miguel, mais est-ce que par hasard, vous auriez voulu vous moquer de nobles étrangers?

— Qui peut vous faire croire?..

— Il n'y a absolument que nous ainsi enguirlandés, et nous ne voyons pas la moindre bataille de fleurs.

— Un peu de patience, que diable, vous n'êtes pas encore arrivé sur le lieu de la lutte.

— Vous savez, reprit Papelitos en crispant ses doigts autour d'une canne casse-tête garnie d'émeraudes, si vous vous étiez moqué de nous, cela ne se passerait pas en conversation.

— Je vous le promets! appuya le maréchal.

— Je vous l'affirme! continua Papelitos.

Tous ces rastaquouères roulaient des yeux terribles et grinçaient des dents sous la moustache noire-bleu. Cheramy entrevit un scandale épouvantable, un lutte en plein tour du lac, un pugilat désastreux avec des sauvages. Au fait, ce n'était pas sa faute à lui, si l'on n'avait pas mieux répondu à l'appel de la Presse, et si les Parisiens refusaient de s'envoyer des fleurs à la tête, mais il fallait calmer la fureur de ces moricauds.

— Il faut absolument une bataille de fleurs,

se dit-il, et il prit au galop le chemin de la pelouse de la Muette. Là, à côté du pavillon de la Presse, était dressé un bar coquet des mieux achalandés. Derrière le comptoir de marbre se tenaient debout une douzaine de jolies filles, en robe de soie, très décolletées, couvertes de bijoux et tendant des bocks aux promeneurs avec des mains chargées de bagues.

— Encore une idée à moi, murmura Cheramy, la fine fleur de la brasserie Médicis. Voilà qui va rapporter gros !

Puis, d'une voix impérieuse, il appela :

Mesdemoiselles Sapho, Lazarine, Clio, Amanda, Boule-de-Suif, Lelia, Rosette et Camélia, mettez vos chapeaux et tenez-vous toutes prêtes à me suivre. Vos amies suffiront pour le service du bar.

Ces demoiselles, sans réclamer, avec la docilité inhérente au métier, quittèrent leurs bocks et arborèrent les Gainsboroughs, les Devonshires et les Charles IX ornés des plumes les plus voyantes.

Pendant ce temps, Cheramy arrêtait au passage une demi-douzaine de chars-réclame de fleuristes.

— Mesdemoiselles, voici mes ordres. Chacune de vous va monter dans une de ces voitures et lorsque vous verrez arriver un break enguirlandé auprès duquel je me tiendrai, vous couvrirez ce break de fleurs. Est-ce compris?

— Parfaitement! s'écria Sapho. Je crois qu'on va rigoler!

— Vous allez voir comme je vais faire ma *dusêcho*, s'écria mademoiselle Boule-de-Suif, en s'installant d'un air royal sur les coussins de la voiture.

La procession s'ébranla et se mêla à la file des voitures. Quant à Cheramy, il rejoignit le break fleuri, bien facile à retrouver au milieu des voitures sombres.

Il était temps! Miguel voulait s'en aller, mais n'était retenu que par le désir bien légitime de Papelitos qui voulait scalper d'abord Cheramy.

— Ah! vous voilà! rugirent les rastaquouères.

— Oui! me voilà, et comme nous allons entrer dans le fort de la fête, je viens vous servir de cicérone.

Il n'avait pas fini ces mots que le break croisait la voiture de mademoiselle Lazarine.

Celle-ci, sur un signe de Cheramy, envoya un splendide bouquet de roses à Miguel y Gibraltar. Celui-ci, soutenu par Panatellas, riposta par une gerbe de bleuets et d'œillets blancs, et ils reçurent encore deux autres bouquets de la main de Lazarine.

Miguel rayonnait. Le maréchal était enchanté.

— Quelle est cette aimable dame? demanda Miguel à Cheramy.

— Madame la comtesse de Mourtalès!

Pour le coup, nos rastaquouères ne se tinrent pas de joie. La comtesse, la célèbre comtesse, elle-même avait daigné... Mais ils n'avaient pas fini de se féliciter que sur un nouveau signe de Cheramy, une nouvelle pluie de fleurs fondait sur le break, envoyée cette fois par mademoiselle Sapho.

— Madame la marquise de Baliffet, murmura Cheramy.

Puis ce fut le tour d'Amanda, de Clio, de Lilia, de Rosette, de Camélia, et chaque fois Cheramy se penchait vers la voiture en disant à voix basse : la duchesse d'Ouzès, la duchesse de Labrochefoucault, etc., etc...

Quant à mademoiselle Boule-de-Suif, elle engagea une véritable lutte avec le général Castagnettas, à la grande joie de la galerie; elle abattait chaque fois son chapeau en criant : « Tiens, mon bonhomme! Attrape celui-là! Bing! Et encore celui-là! Vlan! » Castagnettas était au septième ciel.

— Qui est-ce, dit-il, qui est-ce?

— Madame la princesse de Raglan elle-même! dit Cheramy, saluant très bas.

7.

— Si simple et si bonne ! s'écria le général tout attendri.

— Oh ! c'est pour les pauvres ! expliqua Cheramy ; aujourd'hui ces dames abdiquent toute espèce de morgue dans l'intérêt des pauvres !

— C'est beau, c'est grand, c'est généreux ! s'exclamèrent en chœur les rastaquouères.

Jamais ils ne s'étaient autant amusés, leur voiture regorgeait de fleurs envoyées, et force leur était de convenir que ce faubourg Saint-Germain qu'on disait si peu accueillant et si collet-monté, était au contraire plein de courtoisie et d'urbanité pour les étrangers.

A sept heures et demie, ils rentraient à Paris enchantés, ne regrettant qu'une chose c'est que la Fête des Fleurs fût déjà finie. Heureusement on pouvait revenir le soir même au Bois de Boulogne, pour la Fête de nuit.

Après avoir bien dîné dans un cabaret du Bois, vers neuf heures du soir, Miguel, le marquis Papelitos, le maréchal Castagnettas et leurs amis faisaient donc une nouvelle entrée dans la fête. Ils circulaient éblouis, au milieu des illuminations en verre de couleur, des soleils, des pétards ; ou bien, huchés sur une table, ils applaudissaient le défilé des cuirassiers, des dragons et des pompiers munis de torches escortant la retraite militaire; puis très gais, un peu lancés par l'effet de la digestion et des vins capiteux, ils se dirigeaient vers la pelouse de la Muette pour y admirer la fête foraine.

— C'est très beau, mais cela manque de femmes du monde, soupirait Castagnettas.

— La journée a été assez rude pour elles, il faut bien qu'elles se reposent, répondit Miguel ; d'ailleurs, à défaut de grandes dames, j'aperçois là-bas un petit bar qui m'a l'air très coquettement garni.

Et de fait, il y avait une véritable bousculade devant le comptoir où ces demoiselles, le teint rouge, l'œil allumé, tenaient tête à tous, et versaient à boire avec toute sorte de mines provoquantes.

— Allons! s'écria le maréchal enthousiasmé, du même ton qu'il eut crié : A l'assaut!

Mais, arrivés devant le bar, Castagnettas poussa un cri de surprise.

Dans ces vendeuses maquillées, il venait de reconnaître la duchesse de Labrochefoucault, la comtesse de Mourtalès, la marquise de Baliffet et la princesse de Raglan!

— Qu'est-ce que cela signifie? s'écria Gibraltar. Cheramy se serait-il encore moqué de nous? C'est ce que nous allons voir.

Et don Miguel et ses amis s'en furent au Pavillon de la Presse, où ils savaient trouver Cheramy.

Les rastaquouères se précipitèrent vers lui en grinçant des dents et en agitant leur stick doré et leur casse-tête garni d'émeraudes.

— Comment se fait-il, rugit don Miguel, que vos femmes du monde tiennent un bar?

— Elles sont toutes là à boire du vin de Champagne avec la foule, et à vendre des bocks, vociféra Papelitos.

— Expliquez-vous, caramba! hurla Castagnettas, la canne levée.

— Oh, c'est bien simple, commença Cheramy, pour gagner du temps, mais au fond assez embarrassé. — Quel guignon avait poussé ses rastaquouères juste du côté du bar Médicis? Pourquoi n'avaient-ils pas plutôt été du côté de la *Femme-Torpille* ou de la *Mer-sur-Terre*? Tout à coup, inspiré :

— Quand nos grandes dames de France se mettent à se dévouer, dit-il gravement, elles ne connaissent ni la fatigue, ni les scrupules. Tantôt elles ont payé de leur personne en envoyant des fleurs; ce soir, elles tiennent un bar et mettent leur grâce et leur beauté au service des pauvres. Tout pour la charité!

— Est-ce possible? s'écrièrent les rastaquouères, encore indécis.

— Et, si j'ai un conseil à vous donner, continua Cheramy, c'est de vider vos escarcelles entre les mains de ces dem... de ces dames. Vous ne sauriez faire un plus noble usage de votre argent.

— Ni un plus agréable ! s'écria le Gibraltar, tout à fait radouci.

Et il entraîna ses amis vers le bar. La bande joua des coudes pour arriver au premier rang. Ces demoiselles, reconnaissant les hôtes cossus de la voiture enguirlandée, furent aussitôt pleines de prévenances, et leur versèrent à flots le champagne à un louis le verre.

Accoudés sur le comptoir, nos rastaquouères les dévoraient des yeux. L'heure avançait, les promeneurs devenaient plus rares, la fête foraine tirait à sa fin, et nos nobles étrangers, médusés par l'admiration, se grisèrent de paroles et de vin de Champagne, sous l'action des beaux yeux des vendeuses.

— O princesse ! princesse ! murmurait Castagnettas, qui avait fourré complètement son nez dans l'oreille de mademoiselle Camélia, que je vous admire... et que je vous aime !

Papelitos tenait la main de mademoiselle Sapho ; Castagnettas débitait des choses énormes à mademoiselle Camélia, qui baissait pudiquement les yeux, et don Miguel, complètement parti, disait à mademoiselle Boule-de-Suif :

— Duchesse !.. duchesse ! . je vous emmènerais au bout du monde..... Veux-tu que je t'emmène au bout du monde, dis, veux-tu ?

Cependant les bruits s'étaient éteints peu à peu, les baraques étaient fermées; les illuminations agonisaient dans les verres de couleur, avec des lueurs de veilleuses.

— Il faut s'en aller! s'écria mademoiselle Lazarine.

— Oui, mais pas avant d'avoir offert à ces messieurs un dernier verre, riposta Sapho.

Une nouvelle rasade de vin de Champagne, toujours à un louis le verre, acheva nos rastaquouères.

— Au fait, pourquoi nous séparer, balbutia Miguel, insinuant et complètement gris. Songez, Mesdames, que c'est pour les pauvres !

— Vous en avez déjà tant fait ! Cheramy nous a dit que vous ne connaissiez ni scrupule, ni fatigue, appuya Castagnettas, dans le même état.

— Oui ! oui ! nous vous en supplions. Faites cela... pour les pauvres ! conjura Papelitos tout attendri.

— Eh bien, Messieurs, nous le ferons... répondirent ces demoiselles avec une simplicité touchante.

Un quart d'heure après, trois fiacres emmenaient nos étrangers et leurs conquêtes vers les hauteurs du quartier latin... presque le faubourg Saint-Germain...

—

Le lendemain, au café de la Guerre, Cheramy, à l'heure du déjeuner, vint se heurter contre les rastaquouères qui l'entourèrent de nouveau en grinçant des dents.

— Monsieur, commença Castagnettas menaçant, savez-vous comment s'appelait la princesse de Raglan qui m'a emmené hier soir rue Cujas: Elle s'appelle Sapho !

— La comtesse de Mourtalès m'a dit ce matin qu'elle s'appelle Camélia ! ! continua Papelitos.

— La duchesse de Labrochefoucault s'appelle Boule-de-Suif ! ! !

— Vraiment, Messieurs, répliqua Cheramy, sans se déconcerter, je ne sais quelle mouche vous pique. Reprenons et envisageons les choses de sang-froid. Oui ou non, vous êtes-vous amusé à la Fête des Fleurs ?

— Beaucoup !

— Oui ou non, vous êtes-vous diverti au bar Médicis ?

— Énormément ?

— Oui ou non, ces demoiselles étaient-elles jolies ?

— Ravissantes !

— Ainsi, de votre propre aveu, vous avez passé une journée charmante, une soirée délicieuse, une nuit exquise !

— C'est vrai.

— Alors : **De—quoi—vous—plaignez—vous ?**

Comme disait, en semblable occurrence, le vicomte de Gardefeu au baron de Gondremark.

FIN DE SAISON

… Pour une raison quelconque, on est venu faire sa cure dans la ville d'eaux lorsque la saison tirait déjà à sa fin. A l'arrivée, on a encore trouvé un temps superbe et un monde fou. Le casino est, chaque soir, brillamment illuminé et joue les opérettes en vogue. A la source, il y a une véritable procession de buveurs et de buveuses, celles-ci très élégantes, avec des costumes mi-partie espagnols et basques, et des arrangements très heureux de bérets et de mantilles. Dans les rues, un grouillement joyeux de cavalcades et de voitures menées à quatre en arbalète avec les grelots traditionnels ; partout des coiffures à l'instar de Paris, des couturières en renom montrant derrière leurs vitrines les dernières contorsions du pschutt, des boutiques vendant les bibelots du pays ; puis, au grand hôtel, une animation extraordinaire, garçons d'équipe affairés, chasseurs, valets de chambre, marchands de journaux ; l'ascenseur n'arrête pas une minute sous la direction d'un grand gaillard déguisé en capitaine de vaisseau. Le soir, dans une salle monumentale, trois cents couverts à la table d'hôte, et, au restaurant, une cinquantaine de petites tables autour desquelles voltigent je ne sais combien de maîtres d'hôtels corrects et frisés au petit fer.

... Puis, les mauvais temps arrivent, la saison tire à sa fin.

Chaque matin, devant le grand hôtel, ce sont des files de départ. Les malles sont entassées sur le train de derrière des voitures, les voyageurs tout emmitouflés dans leur paletot, partent d'un air guilleret en jetant un regard de satisfaction sur les sommets qui commencent à se couronner de neige. On n'est plus qu'une trentaine au restaurant. La table d'hôte a été transportée dans un salon plus petit. Quelques boutiques élégantes ont commencé par fermer. Les rues deviennent moins bruyantes, les chaussées moins dangereuses, les cochers moins arrogants.

Tout à coup une grande affiche paraît : « Pour les adieux de la troupe ». C'est la dernière représentation. Les artistes du théâtre partent le lendemain ; par contre, plus de musique sur l'Esplanade, le casino sera désormais fermé. Alors, c'est la débandade ; les départs ont lieu par centaines ; chaque jour, on pourrait dire chaque heure, amène un assombrissement dans le tableau. Les petites boutiques toutes illuminées qui donnaient chaque soir à la place un aspect de kermesse, disparaissent une à une, éteignant leurs bougies. Le polichinelle part à son tour, un polichinelle étonnant qui entamait des discussions avec l'assistance au milieu des rires et avait toujours le dernier mot. Le service de la source et des bains cesse d'être bien fait. Quand on arrive, il faut appeler partout le garçon. A quoi bon ? il n'y a presque plus personne.

Les habitants du pays reprennent peu à peu possession de « leur ville ». En grosse vareuse et coiffés du béret national, le parapluie sous le bras, ils reparaissent par groupes, et regardent d'un air narquois les attardés qu'ils voudraient volontiers chasser par les épaules. Sur les jolies routes qui mènent aux sources, ils ont tendu des cordes qui barrent le chemin, et, sur ces cordes, ils font triomphalement sécher leur linge. Les coiffeurs à l'instar de Paris sont partis avec les couturières. Les rues deviennent toutes noires. Les marchands de journaux n'ont plus que *le Petit Journal* et... *la Petite Gironde*, et encore ils vous annoncent qu'ils ne restent que jusqu'à la fin de la semaine.

—

A l'hôtel, on a fermé l'annexe et renvoyé la moitié du personnel; on déménage les chambres, on empile les meubles, le capitaine de vaisseau démonte mélancoliquement l'ascenseur. Au restaurant, il ne reste plus que trois ou quatre tables. Chaque jour amène la disparition d quelque visage ami, de quelque gracieuse silhouette de femme qui éclaircit encore un coin. Un soir, on voit dresser, au milieu du restaurant, une table de douze couverts; c'est pour les derniers survivants de la table d'hôte qui, tout piteux, font leur entrée parmi nous, « pour simplifier le service ».

— Comment! pas de fruits?..
— Si monsieur veut des confitures?..
— Et plus de petits pains?
— Monsieur, le boulanger est reparti à Tarbes. On n'a plus que le pain du pays.....

Et la pluie tombe par rafales, et, dans sa chambre banale d'hôtel, les pieds sur les tisons qui fument, le voyageur attardé, de plus en plus seul, et de plus en plus triste, dans cette ville où tout disparaît, où tout s'évanouit graduellement, où chaque bruit de grelots est le signal d'une nouvelle défection, semble le dernier représentant d'une race disparue, et compte fiévreusement les minutes qui le séparent de la fin de sa cure — époque bénie où, lui aussi, pourra s'envoler loin de ce lieu perdu et maudit!

POUR DIEU! POUR LE CZAR!
POUR LA PATRIE!

A Mademoiselle Altesse, en son hôtel, boulevard Meissonnier.

Ma chère amie,

On prétend que vous aimez les militaires, comme la Grande Duchesse. Voulez-vous dîner jeudi prochain avec quelques guerriers en *eff* et en *off*, très aimables et on ne peut plus dignes d'être aimés... de toutes les façons? Ma petite amie Blanche Dartois consent à tenir le rôle de maîtresse de maison. Ce sera gai, je l'espère, et si vous acceptez, j'en suis sûr.

Respectueusement à vos pieds.

LADISLAS KARAKOFF.

A Mademoiselle Blanche Dartois, en son hôtel, rue Rembrandt.

Ma belle Blanchette,

Je suis la liste d'invitation que tu m'as donnée toi-même, et j'invite Altesse, Lucie Regnier, Ravaschoff, du Fronceraye et Mary Fabert. Que faut-il faire pour être sûr que ces dames viendront. Je voudrais tant que ce dîner fût réussi!

Un gros baiser sur le petit signe de la lèvre.

Ton LADISLAS.

—

Au prince Karakoff, ambassade de Russie, Paris.

Mon gros chien,

Si tu veux que ces dames acceptent ton invitation d'une façon certaine, joins à l'invitation un bon pour une robe chez Lorth ou chez Ringa, et signe.

Je t'embrasse comme je t'aime.

BLANCHETTE.

—

A Monsieur Dupont, imprimeur, place du Caire.

Prière à M. Dupont de m'envoyer immédiatement six petits chèques ainsi libellés.

Bon pour une robe chez Lorth, livrable pour le dîner du jeudi... mai.

Prince KARAKOFF.
(Ambass:de de Russie.)

AU CAFÉ X...

LE PRINCE. — ADOLPHE, maître d'hôtel.

Le Prince. — Le Seize est libre pour jeudi?

Adolphe. — Oui, mon prince. Combien de couverts?

Le Prince. — Douze. Je suis venu travailler un peu le menu avec vous, je le veux très réussi.

Adolphe. — C'est beaucoup d'honneur, mon prince. Certes, mon prince n'a pas besoin de mes lumières; cependant, je me permettrai de lui demander quel genre de convives?

Le Prince. — Comme hommes, la fine fleur de la diplomatie et de l'armée; comme femmes, la fine fleur de la galanterie.

Adolphe. — Mon prince serait-il assez bon pour me citer quelques noms?

Le Prince. — Mais volontiers. Nous avons mesdames du Fronceraye, Altesse...

Adolphe. — Bravo. Alors il nous faudra du Beychevelle. Madame boit toujours du Beychevelle.

Le Prince. — Merci. Ensuite, nous aurons Blanche Dartois, Mary Fabert.

Adolphe. — Heu!.. heu!..

Le Prince. — Qu'est-ce qu'il y a?

Adolphe. — Rien, mon prince... Rien. Une simple toux.

8

Le Prince. — Et, enfin, Ravaschoff et Lucie Regnier.

Adolphe. — Il n'y a pas de bonne fête sans ces dames. Eh bien, avec ces données, je vais proposer à mon prince un menu. Ce ne sera qu'une esquisse, une simple ébauche, susceptible de modifications...

Le Prince. — Allez! allez! je m'en rapporte à vous.

Adolphe. — Dans cette saison, pas d'huîtres. Sur la table, quelques crevettes de Dieppe, quelques filets d'anchois, plutôt comme ornement et comme amusement, pour piquer quelques notes éclatantes sur le fond blanc de la nappe. Puis nous commençons par deux potages, gras et maigre : un consommé aux quenelles de volaille et un potage *Théodora*, composition savante et veloutée dans laquelle il entre de la bisque, du jus de gibier, des jaunes d'œufs, et qui, par ses propriétés toniques, ferait revenir un mort.

Le Prince. — Vous me mettez l'eau à la bouche.

Adolphe. — Ensuite, il nous faut deux relevés, un de poisson, l'autre de viande. Que dirait mon prince de côtelettes de homard créole avec de petites coquilles de laitance, et d'un filet de bœuf servi en gelée?

Le Prince. — Cela me paraît fort convenable.

Adolphe. — Que mon prince ne craigne pas de me critiquer. Je ne suis pas impeccable. Comme entrée, je proposerais timidement le suprême d'ortolans truffés ou bien les cailles à la Régence. C'est à voir. (Il s'abîme dans une longue méditation.)

Le Prince (après un long silence). — ... Il me semble que les ortolans...

Adolphe. — Oui! C'est parfaitement juste. Mon prince a un goût exquis et sûr. Où avais-je la tête? L'ortolan est indiqué. D'autant plus que nous le soulignerons par les écrevisses de la Meuse, en buisson. Ce sera d'une tonalité douce et chaude à la fois.

Le Prince. — Adolphe, vous êtes merveilleux.

Adolphe. — Comme rôti, dans cette saison, je ne vois guère rien de mieux qu'une poularde de la Bresse, sauce Périgueux. C'est un peu lourd, mais il nous faut bien le plat de résistance constituant la charpente du dîner, charpente autour de laquelle nous pouvons ensuite enrouler les astragales.

Le Prince. — Comment avez-vous dit? Les astragales!

Adolphe. — Parfaitement. Là il nous faut quelque chose de froid : Aspic de foie gras au Xérès?.. (Long silence.) Heu! heu! Le foie gras est encore bon, mais ce n'est plus ça. Voyons, que dirait mon prince d'un chaud-froid de caille à la russe, accompagné d'une salade vénitienne? Ce sera comme un point d'orgue, mâle et sonore dans le dîner. J'arrive enfin aux fioritures de la fin. Là, rien à chercher : les petits pois à la française et les asperges en branche. La bombe napolitaine aux fraises, accompagnée du biscuit Kamouski et un dessert élégant, léger et chic.

Le Prince. — Et la question des vins?

Adolphe. — Très importante. Mon menu n'existe plus s'il n'est pas arrosé et ponctué par les crus en harmonie. Nous avons dit que madame Altesse avait un faible pour le Beychevelle, nous le mettrons dans les carafes. Après le potage, un doigt de Xérès retour de l'Inde. Le Château-Yquem avec les coquilles de laitance. Puis, arrivé au suprême d'ortolan, il faut frapper un grand coup avec le Mouton-Rothschild 1857. Une manière de tendre l'estomac en velours.

Le Prince. — En velours!

Adolphe. — Avec les écrevisses de la Meuse, entrée du vin de Champagne. Monopole extra *dry* que nous continuons avec le rôti...

Le Prince. — C'est parfait... Je vous avouerai que je commence à avoir un peu mal à la tête. Cette concentration d'esprit sur un même sujet... Alors, nous sommes d'accord.

Adolphe. — Pas encore. — La question des

fleurs. Il faut une belle corbeille sur la table, six bouquets de dames et six boutonnières d'hommes.

Le Prince. — C'est juste! J'allais oublier... Eh bien! je vais donner des ordres à ma fleuriste.

Adolphe. — Et les menus? Mon prince a-t-il pensé à commander chez Pusse des menus artistiques? La mode est aux eaux-fortes appropriées aux caractères des convives.

Le Prince. — Allons bon! Voilà encore une complication. Il va falloir que je cherche, que je réfléchisse...

Adolphe. — Ce sont ces petits riens qui donnent la note parisienne. Si mon prince m'envoie les menus la veille, je ferai inscrire, au verso, le nom des invités et des invitées. C'est très anglais. De cette manière, on se rappelle avec qui l'on a passé la soirée et le menu devient un véritable souvenir.

Le Prince. — Vous avez raison, Adolphe, mais je n'en puis plus. J'ai besoin d'air. Un peu plus, j'aurais la migraine.

Adolphe. — Rien ne s'improvise, pas même le plaisir.

Le Prince. — Adieu, Adolphe, à jeudi, sept heures et demie.

Adolphe. — Je connais ces dames. Mon prince peut compter hardiment huit heures.

8.

*Au prince Karakoff, ambassadeur de Russie,
à Paris.*

Mon cher prince,

J'avais accepté avec le plus vif plaisir votre aimable invitation pour le jeudi, lorsque j'apprends par madame Ravaschoff, que mademoiselle Mary Fabert sera parmi vos convives. Désirant, pour des raisons spéciales, ne pas me rencontrer avec cette... femme, veuillez m'excuser si je reprends ma parole, et croyez à tous mes regrets.

Mes deux mains LÉA DU FRONCERAYE.

—

*Au prince Karakoff, ambassadeur de Russie,
à Paris.*

Patatras ! Le comte, qui était parti en Vendée, m'annonce son retour pour le mercredi soir. C'est la guigne noire ! Me voilà prise jusqu'à samedi. Croyez à mes regrets.

Mes deux mains. RAVASCHOFF.

Merci pour la robe de Lorth J'aurais tant voulu l'inaugurer avec vous.

—

Paris de Paris, midi trente, matin :

Prince Karakoff, ambassade Russie, Paris.

Joue jeudi soir, Théâtre Corneille, rôle Célimène, dans *Mariage Figaro*. Impossible dîner.

LUCIE REGNIER.

A Mademoiselle Blanche Dartois, en son hôtel, rue Rembrandt.

Ma chère Blanchette,

J'en aurai la fièvre. Voici trois défections pour jeudi. De plus madame du Fronceraye ne veut pas dîner avec madame Mary Fabert, et l'on ne peut décommander celle-ci, qui est invitée. Remettons le dîner à samedi. Remplaçons Mary Fabert par Reine Malabarre, et charge-toi de contremander les femmes. Moi, je me charge des hommes. Quel tintouin! Je pioche les menus appropriés aux convives. J'ai à peu près trouvé. Jamais je n'aurais cru l'organisation d'un dîner aussi difficile.

Mille tendresses. LADISLAS.

Adolphe, maître d'hôtel, café Russe, Paris.

Dîner remis à samedi. Même menu, mêmes convives, sauf Mary Fabert, remplacée par René Malabarre. Prévenez fleuriste.

Prince KARAKOFF.

Prince Karakoff, ambassade de Russie, Paris.

Mon gros chien,

Je viens de faire ma tournée en voiture pour décommander tes invitées. Elles n'étaient pas très contentes, mais enfin j'ai tout arrangé. Une drôle d'idée que tu as eu d'inviter Reine Malabarre. A huit heures et demie, elle te téléphonera qu'elle ne peut pas venir. Enfin, cela te regarde. Tu verras la jolie robe que je me suis commandée chez Lorth. Je lui ai dit que le prix m'était indifférent, mais que, comme maîtresse de maison, je tenais à te faire honneur. J'ai eu raison, n'est-ce pas?

Je t'embrasse sur ta grosse moustache rousse.
BLANCHETTE.

—

Mon cher Prince,

Ce qui m'arrive donc déjà, est bien désagréable! J'avais reçu votre dépêche : « Dîner aujourd'hui ». Je me rends au café X... et l'on me dit : Dîner *ajourné*. Ces télégraphistes n'en font jamais d'autres. Je n'en serai pas moins heureux de boire avec vous samedi prochain, au Czar, à la Russie et aux belles dames françaises. A samedi sans faute, cette fois.

Votre vieux compagnon d'armes,
Colonel FANKRATIEFF.

—

Paris, de St-Pétersbourg, 6 h. 20 matin.

Ordre ministériel rappelle immédiatement le prince Karakoff au commandement de son régiment. Il devra être rendu à Cronstadt au plus tard le 20 mai pour s'embarquer sur le *Dimitri-*

Douskoï sous les ordres de l'amiral Komilof. Le prince Karakoff occupera Bloerkesund sur la côte Finlandaise et y attendra de nouveaux ordres.

Par ordre, le général SPIRIDOFF.

—

Karakoff à Blanche Dartois, rue Rembrandt,

Patatras! Je pars ce soir pour Cronstadt. Affolé. Prévenez amis et amies. Banquier payera diner, robes, menus et bouquetières.

Un gros baiser et en route... pour Dieu, pour le Czar, pour la Patrie!... comme disait Marais dans *Michel Strogoff!*..

KARAKOFF.

MESSIEURS MARS
ET
MESDAMES VÉNUS

Le général. — Pense tout bonnement à la générale, une enfant exquise qui était sa pupille et qu'il a épousée lorsqu'elle a eu vingt ans. Il a tout juste vingt-cinq ans de plus qu'elle, mais il est si attentionné, si bon, si tendre, qu'il espère bien arriver à se faire pardonner cet écart des années, et à défendre sa brebis contre les attaques du loup.

Le colonel. — A rencontré au bal de la sous-préfecture, madame de Sainte-Estrapade, une veuve plantureuse, de belle prestance, ayant l'œil de flamme, le verbe haut, la gorge catapultueuse et la main potelée. Avec cela cinquante bonnes mille livres de rente. Le colonel épouserait volontiers, mais il voudrait être sûr d'être à hauteur de cette femme de feu.

Le lieutenant-colonel. — Tous les matins, il lui achète *le Figaro*, et elle a une adorable façon de dire. « Merci, mon colonel ! » en rougissant jusqu'au blanc des yeux. Évidemment, elle est éblouie par le dolman bleu de ciel et les cinq galons or et argent sur la manche. Mais une fois le dolman enlevé ?.. Serait-elle encore éblouie ?..

Le chef d'escadrons. — Depuis six ans avec Ninetta, l'ingénue exquise de la Comédie-Française. L'a installée dans un hôtel charmant du parc Monceau. Quand il n'est pas de semaine, passe toutes ses soirées au foyer de la Comédie ou dans la loge de Ninetta. A déjà permuté trois fois pour ne pas la quitter.

Le gros-major. — Il l'a connue demoiselle de comptoir à un grand café de Libourne, et, depuis vingt-cinq ans, ils ne se sont jamais quittés. Elle l'a suivi fidèlement de Libourne à Mostaganem, de Mostaganem à Biskhra, de Biskhra à Carcassonne.

Le capitaine-commandant. — Un soir, à la Scala, elle chantait :

    Petits oiseaux, non vous ne m'aimez plus !...

Était-ce la robe de satin, le décolletage ou les petits oiseaux ? Mais le rude capitaine a été remué jusqu'aux larmes.

LE CAPITAINE EN SECOND. — Est fou de Blanche Ravaschoff. A fait percer pour elle une porte dans le jardin de la rue du Boulingrin et a dressé à son intention sa jument : *Little Mad*. Satisfait toutes ses folies et espère compenser cela par beaucoup de veine au club. Ça ira tant que ça ira... il sera toujours temps de filer au Tonkin après le dernier rouleau.

LE CAPITAINE INSTRUCTEUR. — Liaison sérieuse avec la duchesse. Ne manque pas un mardi à la Comédie-Française, un vendredi à l'Opéra, ni un bal où elle se trouve, et se contente d'une heure, tous les jeudis, qui lui laisse du bonheur pour toute la semaine.

LE LIEUTENANT EN PREMIER. — Doit épouser, dans un mois, mademoiselle Suzanne de Champaubert, fille de son général. A dit depuis longtemps adieu à Satan et à ses œuvres. Y a-t-il une cocotte aussi spirituelle, aussi jolie, aussi gaie, aussi jeune, aussi fraîche ? Eh bien ! alors ? C'est lui qui est dans le vrai, et les camarades gâchent leur vie avec leurs amourettes sans veille ni lendemain.

LE SOUS-LIEUTENANT. — Toutes ! Toutes ! Toutes ! Les brunes, les blondes, les rousses, les jolies, les laides. Ah ! ça lui est bien égal. Au fond c'est toujours également gai et également bon. Est-ce que, vraiment, il y a une différence quelconque entre une femme et une autre femme ?

Le médecin-major. — Quoique marié et obligé par devoir, à une existence austère, est resté très carabin, et file souvent au quartier latin retrouver Nana-la-Sauterelle, une ancienne du *boul'Mich*. Cette femme-là vous a une façon de se laisser tomber en faisant le grand écart !.. Elle n'a qu'un inconvénient : elle aime trop les bocks.

Le vétérinaire en premier. — A trouvé, chez le docteur, une nommée Victoire qui est bien la plus capiteuse créature !.. Sous prétexte d'études scientifiques, fait à chaque instant des visites à son collègue, et vient toujours en manteau pour rester plus longtemps à l'ôter dans l'antichambre. Victoire, malheureusement, n'est libre qu'à l'heure de la visite à l'infirmerie... et c'est également celle de la visite des chevaux.

L'adjudant. — La cantinière du demi-régiment de droite. Bouche ombragée d'un léger duvet, formes rebondies, et femme légitime du maître-bottier auquel elle donne un enfant de troupe tous les ans. Le maître-bottier se plaint seulement de ce que l'adjudant a une note en souffrance de six cent soixante-quinze francs.

Le maréchal des logis chef. — Madame Cabirol, grande amoureuse au théâtre municipal. Depuis qu'il l'a vue jouer Marguerite dans la

Tour de Nesles se prive de tout pour assister aux représentations. Malheureusement cela doit coûter cher une *artiste*, et il ne veut pas manger la grenouille.

Le fourrier. — Du dernier bien avec la marchande de tabac. Passe ses journées dans l'arrière boutique au grand scandale des officiers. Fait admirablement son service, à condition qu'on lui donne fréquemment la permission de la nuit.

Le brigadier. — A laissé là-bas, au village, Françoise avec un gros poupard qu'on n'avait pas commandé. Lui écrit toutes les semaines, pense souvent à elle et au gosse. Heureusement qu'il est *de la classe* et va bientôt retourner au pays régulariser sa situation.

Le cavalier pitou. — On dira ce qu'on voudra, il n'y a encore que mademoiselle Camélia. Malheureusement cela coûte, et dame, quinze jours de prêt, quinze jours de privations pour dix minutes de paradis !..

CONSEILS PRATIQUES:

Quoi qu'on dise, les femmes sont encore sensibles au prestige de l'uniforme. Si simple que soit la tenue actuelle, il y a encore façon de la porter, et un joli garçon bien tourné dans sa tunique ou son dolman, aura toujours une supériorité incontestable sur le pékin en redingote. Donc, ô militaires, soignez la tenue, soignez la tête, et faites votre profit des avis suivants:

—

LES CHEVEUX : coupés courts, en brosse avec des pointes bien marquées, et un centimètre de favori à la tempe.

—

LES MOUSTACHES : retroussées en chat, dégageant bien les lèvres et montrant les dents; un léger parfum au vaporisateur. Mélange indiqué : mi-partie peau d'Espagne et héliotrope blanc.

—

LE KÉPI: ne pas exagérer la mode de Saumur; pas de visière d'aveugle, pas d'immense turban. Une hauteur moyenne, la carcasse rigide à l'endroit du grade et molle au-dessus, de façon à pouvoir être cassée d'un pli. Grade en soutache, assez séparée, et toujours d'une extrême fraîcheur. Avec une barbe bien rasée et un képi neuf on se rajeunit de dix ans.

—

LE DOLMAN : avant tout, que le col soit bien dégagé, sans serrer, et laisse apercevoir juste un millimètre de linge blanc. Avoir dans ce but des chemises ajustées *ad hoc*, les combinaisons de faux-cols n'amenant jamais des résultats satisfaisants. Manches du dolman très larges;

intérieur doublé en satin cerise ou bleu ciel, et assez courtes pour laisser passer un centimètre de manchette.

Le dolman pas ajusté. Il doit tomber bien droit dans le dos avec une légère cambrure à la taille.

—

Autant que possible, être toujours en culotte et bottes. C'est cent fois plus seyant que le pantalon satiné. Ce dernier doit être demi-collant, et tomber droit sur la botte en faisant trois plis au jarret.

—

La culotte : large des cuisses, étroite du jarret, et boutonnée avec des petits boutons depuis la cheville jusqu'au genou.

—

La botte Chantilly, montant seulement jusqu'à mi-jambe, et toujours vernie jusqu'à l'éblouissement. Pas de talons et bouts pointus.

—

Le sabre : très léger, porté sans crochet, avec bélière assez courte pour que le fourreau touche à terre sans cependant traîner. Si l'on veut, ses armes ou son chiffre sur la poignée du sabre.

—

Les gants : choisir la peau de daim très jaune,

presque l'ancienne nuance des carabiniers ; c'est beaucoup plus élégant, étant donné que le gant blanc ne se porte plus qu'en grande tenue.

—

Ajoutons encore un stick, genre fouet de chasse, un œil largement ouvert, un air gai et heureux, et un aplomb imperturbable.

LA GRANDE SEMAINE A TROUVILLE

Le voyage de Trouville vaut la peine d'être fait, cette semaine-là surtout.

Au matin seulement, un singulier moment à passer. On se réveille avec surprise et l'on regarde autour de soi. Chambre de domestique. Petits rideaux en cretonne, plancher en bois blanc. Serait-on tombé dans la noire misère ? Horrible ! Tout à coup les idées reviennent. Débarqué la veille à minuit, à Trouville, il a fallu accepter à l'hôtel X... n'importe quoi dans l'*annexe*, au risque de coucher dehors.

On se lève avec indignation, très décidé à abandonner cette cage à lapins dans laquelle il faut ouvrir la porte et la fenêtre pour passer son habit. On sort, et le hasard vous fait apercevoir, dans l'appartement en face de vous, une jolie femme à laquelle une cámériste passe une robe blanche. Tiens, la belle Cl....il! On descend! Au rez-de-chaussée, par les entrebâillements de porte, on aperçoit Marie B....an, et Valentine B...on. Au-dessus, Mes...ix.

— Toute l'annexe est comme cela, me dit d'un air narquois la patronne de l'hôtel. Monsieur veut-il toujours s'en aller?

— Non, Madame, je reste. je reste! Et même, je vous permets de m'augmenter.

On s'habille avec difficulté, mais on en est récompensé par des effluves capiteuses qui passent sous les portes. Les femmes de chambre vont, viennent dans l'escalier, portant sur leurs bras des matinées en soies crème, bleu de ciel, fraises écrasées : un tas de jolies choses froufroutantes qui sentent bon, bon!.. Je sors avec mon rasoir à la main :

— Qu'est-ce que c'est que ce parfum-là ?

— C'est du *white-rose* mélangé avec de l'héliotrope blanc, me répond ma voisine. Mais, voulez-vous bien rentrer chez vous!

—

Enfin, me voilà dehors. Je ne saurais rendre l'impression de gaieté radieuse causée par la vue de cette petite ville ensoleillée, avec sa rue de

Paris perpendiculaire, descendant vers la mer toute bleue, ses petites maisons si joyeuses avec leurs briques et leurs volets verts, et surtout cette population de gens tous plus ou moins costumés, marchant avec des allures nonchalantes, comme des gens qui n'ont qu'à se laisser vivre et à penser aux petites femmes.

Pour changer, on va voir baigner à La Potinière. Le *quartier* (sic) réservé des dames est assez abandonné, mais on est sur huit rangs de chaises devant le bain mixte. Il y a d'abord la dame transparente, avec un costume blanc, si clair, que l'on aperçoit le bout des seins *noirs*, bien que la dame soit blonde!!! Grande attraction. Et puis il y a eu l'incident d'Anastasie.

Un gros monsieur bedonnant est dans l'eau avec sa femme, et s'aperçoit tout à coup que sa fille n'a pas suivi le mouvement. Il sort de l'eau tout ruisselant et vient frapper à la porte d'une cabine :

— Sors donc, Anastasie !

— Non, papa, répond une voix flûtée, il y a trop de monde !

— Voyons, Anastasie, répond le père, c'est absurde ! Fais comme tout le monde.

— Jamais !

— Je vais chercher ta mère.

Il a dit cela comme s'il allait chercher la garde.

9.

La foule, très intéressée, s'amasse autour de la baraque d'Anastasie. Un véritable rassemblement.

La mère, à son tour, sort de l'eau et, également ruisselante, vient faire le siège d'Anastasie. — Voyons, Anastasie! Les loustics s'en mêlent : — Voyons, mademoiselle Anastasie, faites cela pour nous, sinon pour vos vieux parents.

Anastasie outrée déclare qu'elle ne sortira jamais, là; on attelle un cheval et l'on emmène la cabine très loin sur le sable. La cabine est suivie par une foule immense, ferme et résolue, qui dit : « Allons voir Anastasie ! »

Bref, on a fini par la voir, mais habillée... et affreuse. Demain on la laissera se baigner en paix.

—

La mode est toujours de dîner sur la terrasse de l'hôtel. Malgré la tente, il fait excessivement chaud, mais on arrose la toile toutes les cinq minutes. On est un peu mouillé, puis ensuite rôti. C'est charmant. Beaucoup de faux ménages, et même de petites femmes seules. On invite plutôt pour le dîner. Les hommes ont inauguré une mode : Complet de flanelle blanche et chemise de nuit en soie. Avec cela des souliers en peau blanche et un chapeau de paille à galon blanc et nœud cramoisi. On reste ainsi débraillé jusqu'à deux heures.

A deux heures, disparition générale et branle-bas pour aller aux courses.

Un monde fou dans les tribunes. Au hasard de la lorgnette, la princesse de Sag...n, marquise de Gall...et, baronne Alph... de Rot...ild, de Saint-Rom...n, de Cast...es, Bisch...im (la taille plus serpentine que jamais), duchesse de Gram...nt, comtesse de T...ay, de Breuv...y, Dol...us, de Puy-...ur, Maurice Eph...i, etc.

En bas, sur les chaises, Lucie Davray, Reichemberg très entourée, l'aimable Miette avec une ravissante anglaise qui vous appelle « Little Ducky » (petit canard). C'est très gentil! La jolie hongroise Terka avec Claumesnil; plus loin Louise Meret, Signoret, Messeix, Benard, Bekman, Biron, Kreville; toutes ces dames avec des robes gaies de toile blanche avec dessins imprimés. Rien qu'en ayant une robe comme cela assise en face de soi à table, on se sent joyeux pour toute la journée. Sur la tête, des chapeaux immenses relevés d'un côté, rabattus de l'autre et campés absolument sur l'oreille droite, de façon à faire auréole. Cela va très bien aux femmes qui ont beaucoup de *branche*.

—

Les bals vont clopin-clopant. Trois gentlemen samedi au bal des pauvres, pas un de plus:

MM. de Morn..., Tanl...y et Brinq...nt. Honneur au courage. Ceux de la Potinière, au bout de l'Estacade, se soutiennent un peu mieux, mais les habits sont couverts de bougies, grâce aux lanternes vénitiennes agitées par le vent. Peu de réceptions particulières. Cependant grand bal à la villa Belvédère, chez la marquise de Sen...ny. Quant à la villa Camélia, hélas! elle est déserte, et la bonne baronne ne viendra pas cette année. La mode n'en est pas moins le soir de se mettre en habit..... avec une casquette. C'est beau la mode! Quelqu'un qui eût osé risquer cette énormité il y a seulement trois ans!....

—

Les jours où il n'y a pas course, la journée est un peu longue. On va au tir au pigeon, ou bien l'on excursionne à Cabourg, Villers, Houlgate. Il y a maintenant un petit chemin de fer très commode qui part pour Villers à 6 heures 1/2 et qui vous y transporte en dix minutes. Les malins proposent aux femmes innocentes de se servir de cet agréable moyen de transport pour aller dîner à Villers. On dîne, on flâne, et quand madame, sur le coup de dix heures, pense au retour, on l'avise qu'il n'y a pas de train pour revenir. Truc excellent et que j'ai grand tort de révéler.

On a beaucoup gagné aux courses, les favoris ayant presque tous répondu aux prévisions. De là une allégresse générale qui se traduit par de bons dîners, de nombreuses bouteilles de champagne et une générosité illimitée à l'égard des femmes. On dira ce qu'on voudra, il n'y a encore que cela pour entretenir les bons rapports.

Et maintenant, après ces notes générales, étudions jour par jour la grande semaine.

—

Samedi. — Départ de Paris. Le train du samedi soir avec son wagon restaurant est toujours un train gai. Ces dîneurs affairés, ces maîtres d'hôtel ahuris, ces cuisiniers vêtus de blanc s'agitant sous la lumière du gaz portatif, vous donnent tout à fait l'impression de l'hôtel des *Pilules du Diable*. La situation est d'autant plus fantastique, qu'étant dans l'impossibilité de retrouver son wagon après les changements de scène, on n'essaye même pas, et l'on monte carrément à Conches dans le compartiment qui vous semble le mieux meublé. Conversation vive et animée avec une aimable voisine sous le prétexte le plus futile.

— Vous allez à Trouville, Madame, comme moi; je suis sûr que vous avez emporté des toilettes ravissantes. Vous comptez vous amuser. Vous êtes seule? Ah, votre mari vous attend à la gare! Etc., etc...

Broudoudoume! Le train passe sur un pont. Ça c'est la Toucques. Cinq minutes après l'on est en gare. Il faut se faire un chemin au milieu d'une foule compacte attendant, qui un camarade, qui une femme, qui un amoureux.

Et des petits cris, des interpellations baroques, des noms de baptême envoyés à la volée avec des mouchoirs qui s'agitent, et de gros baisers qui pleuvent sur les joues dru comme grêle — plick-plock.

Enfin, à grand peine on se fraye un passage jusqu'à un petit panier à tringle de fer avec parasol.

— Combien pour me mener à l'hôtel ?
— Dix francs.
— Il y en a pour cinq minutes !
— Mais le tarif n'est pas applicable à la semaine des courses.
— Mais nous sommes à la veille.
— Pardon, il est minuit et demie.
— Allons; en route !

A l'hôtel, toujours la même histoire :

— Monsieur a télégraphié? demande le maître d'hôtel.
— Non, mais voilà cinq francs. Casez-moi bien.

On entre dans une délicieuse cabane à lapin avec lit de domestique, chaise de paille et cuvette avariée. Vingt-cinq francs par jour, sans compter le service et la bougie. C'est à prendre ou à laisser. All right!

Dimanche. — On est réveillé dès l'aube par le bruit des cloches. Trouville est grand comme un mouchoir de poche, et l'église sonne comme s'il fallait prévenir les châtelains à deux lieues à la ronde. Au reste on ne le regrette pas. Le temps est superbe.

Par la fenêtre, on voit déjà la foule matinale des baigneurs descendre la rive des bains. Dans les cours, les cochers lavent les voitures et astiquent les harnais en prévision des courses de l'après-midi. Les marchands de journaux crient le programme de la journée, les fleuristes offrent des fleurs aux passants, le tout dans une espèce de vapeur ensoleillée et bleuâtre, avec de grands pans d'ombre et de lumière qui découpent des losanges sur le pavé des rues.

Endossons un veston merveilleux, bleu électrique. Nouons négligemment une cravate à la Bois-Hébert, et d'un bon pas lent, tranquille et heureux, rendons-nous à la Potinière. Sur les planches, tout le cercle des Mirlitons déjà levé. On attend Reichemberg, Élise Damain; et mesdemoiselles Mauduit de l'Opéra. Celles-ci ont promis de se baigner si M....l voulait bien leur servir de maître baigneur. Ce sera amusant.

Personne dans le quartier des dames, mais animation curieuse au bain mixte sous les grandes tentes parasol en toile rayée bleu ou rouge. Les costumes de bain, Mesdames, pourraient être beaucoup plus soignés. Cependant voilà Valentine Biron en dentelle noire; pas mal, mais pantalons trop longs; Josepha Bernard, très joli costume rouge scarabée; arrivée de M...l avec mesdemoiselles Mauduit. Les facéties commencent. On se croirait au cirque Mollier. Grand succès également pour B...onne qui, pour se baigner, a campé sur sa rude figure de soldat un chapeau paillasson de femme.

Çà et là quelques échantillons très *select* de ce demi-monde que l'Europe nous envie. Clau-Clau très entourée, Juliette Thel...y ravissante dans une robe en foulard bleu à grandes raies avec ceinture bébé, Kr...elle attendant chaque jour le petit vicomte qui n'arrive pas. Espérons qu'il n'arrivera pas.

A midi, prise des tables d'assaut sous la tente. Au centre, la table infernale. Ed. Bl..c, le commandant I... Bey, Fre...y, avec sa barbe de trappeur de l'Arkansas, Pig...l, Vas...i escorté de son beau caniche blanc Kebir. La table est, en général, présidée par Marie B...an, souvent rejointe par Sign...t et T...a, quand ces dames ne se sont pas levées trop tard.

Cette table seule a toujours une grande corbeille de fleurs au centre. Très recherchée, très lorgnée, et très enviée par les petites tables simplettes de deux, avec femme ou cavalier seul.

Tout en mangeant, on cause courses, paris, forfaits, et l'on pointe au crayon les favoris.

A une heure et demie, en route pour les courses. Procession affolée vers Deauville. Les cochers accrocheront, écraseront, verseront, mais ils ont juré de faire trois voyages. Tant pis pour vous. Quelques rares voitures particulières. Marie Lath...ef qui fait des différences de vingt mille francs par journée de course, et qui reste absolument sage de crainte que cela ne lui porte la guigne (!) La belle Mar...t qui arrive de Villers. Cocher en coutil blanc avec chapeau gris. Deux ou trois buggys, et pas mal de victorias de louages mais élégantes.

Aux courses, les femmes du monde ont décidément pris le parti de se cantonner dans les tribunes pour se distinguer des demoiselles. La princesse de S...n seule continue à se promener au bras d'un ami. Au reste, elle a bien raison, car sa démarche est triomphale. Son costume havane clair avec transparent en moire, chapeau noir et ombrelle de dentelle noire fait sensation. A signaler aussi le costume de foulard couleur brique de madame Bis...eim. La taille est encore plus serpentine que l'année dernière. Madame Dolf...s en foulard écru et dentelles; la baronne Gustave de R...ild en drap bleu avec devant de mousseline blanche; à citer encore la belle mademoiselle Jeanne de Boy...o, mademoiselle de Blest...-G...a, seize ans, et déjà d'une ravissante coquetterie, etc. Dans la tribune, le duc de C... laisse tomber sa lorgnette de course et la casse.

— Essayez donc la mienne, lui dit M. X..., le richissime banquier juif.

— Excellente, dit le duc.

— Eh bien, je vous la vends cent francs, propose le digne fils d'Israël.

On commente le mot qui fait la joie de la galerie. Quel dommage que le duc n'ait pas accepté le marché, M. X... devenu marchand de lorgnettes. Niez donc l'atavisme!...

Le soir, pour passer le temps, on monte au cercle Partie effrénée. Dans un coin, deux joueurs ont commencé une partie d'écarté. L'un d'eux enlève les quatre rois et les place à part sur la table, puis s'adressant avec courtoisie à son partenaire :

— De cette manière, ce sera plus loyal.

Les deux adversaires se saluent et la partie commence.

Lundi. — La Potinière est bien nommée. Mon Dieu! en raconte-t-on sur le sable de dix heures à midi. Certain comte est parti pour la campagne emmenant cinq femmes. Le gros L... s'est fait pincer la veille en conversation criminelle dans une cabine. Pendant la nuit, une bande joyeuse a voulu ressusciter les facéties du bon Trouville d'antan et décroché les enseignes. R... a chez lui à l'hôtel la Grande Civette de la marchande de tabac, et c'est vraiment bien gênant. F... a passé toute la nuit dans le jardin de Juliette T... La belle n'avait pas ouvert et un ami de la belle, voyant la grille du jardin entrebâillée, l'avait refermée en dehors pour plus de sûreté. Et patati, et patata.

Dans la journée, pas de course. Les gens sérieux en profitent pour aller parier au tir aux pigeons. Parmi les fanatiques, le marquis du L..u, R. Henn...y, Hally.b...de, comte A. de G...aut, Kerg...ay, etc. Grande lutte entre les membres du gun-club, du Hirlingham club, du bois de la Cambre, et du tir aux pigeons d'Anvers.

Le soir *le Barbier de Séville,* par Tartampion, Florival et autres célébrités de province. Tant mieux. C'est toute une soirée à consacrer au flirt et à l'amour sur la terrasse du Casino, dans les mille coins et recoins inventés sous les parasols protecteurs par une administration prévoyante. Une bonne brise, une lune superbe, des mots sublimes ou absurdes et une rentrée clandestine à minuit avec un ange qui a bien voulu se laisser persuader...

Mardi. — Impossible de prendre un bain. La mer est là-bas, là-bas.

Voyez-vous, me dit un clubman, on prétend qu'il y a la mer à Trouville, derrière ces armoires qui sont rangées le long des planches, mais c'est un bruit qu'on fait courir, et je crois qu'il y a bien longtemps qu'elle a disparu. En tout cas, je ne l'ai jamais vue. De temps en temps, à des heures variées, l'administration soudoie des gens qui vont faire queue devant un petit bureau où on leur délivre des tickets et des costumes de bain de couleurs éclatantes. Ces gens disparaissent dans les armoires et s'y enferment un certain temps, ce après quoi, ils reparaissent frais et dispos et vous assurent qu'ils ont pris un excellent bain et que la mer était « délicieuse », mais je crois que ce sont des farceurs.

Dans la journée, courses encore plus élégantes que dimanche dernier. Les demi-mondaines ont mis toutes voiles dehors : Triomphe pour Léonie de Cl...l en mousseline de laine blonde, avec cache-poussière de crêpe de Chine blanc tout soutaché d'or. Ce qu'il faut être jolie, grande et svelte pour porter cela! Et Louise M...et et Marie B...n, avec son petit paletot garni de perles métalliques et Sign...et, tout en foulard rouge avec jabot de dentelles.

— Madame, lui a-t-on demandé, pourquoi n'êtes-vous pas duchesse[1]?

— Qui sait? a-t-elle répondu. Et de fait, impossible d'avoir une tête plus olympienne, avec des attaches plus aristocratiques. Et Lucie Dav...y, et Miet...e en tulle lilas, et Terk..., et toutes! Une véritable fête pour les yeux et de bons prétextes à des promenades au buffet.

Dans les groupes, circule la princesse Ratatouille, en robe pompadour à gros bouquets. Elle demande des tuyaux à Henri Rochefort, qui les lui glisse dans le *sien*. Elle rit, mais elle n'a rien entendu. Tous les favoris ont gagné. Les parieurs sont dans la joie. Heureux au jeu, heureux en femmes, et la preuve, c'est que les belles personnes hésitantes acceptent immédiatement les parties de jour et de nuit qu'on leur propose. Être aimé pour soi-même. Peuh! Il faut laisser ce roman aux vieillards pauvres!

Le soir, *Mademoiselle de la Seiglière* avec Coquelin et les sous-vétérinaires des théâtres de banlieue. Le rôle de Febvre est tenu par Montigny (le Coupeau de *l'Assommoir*)! Le rôle de Thiron

---

1. Ce n'était pas Arsène Houssaye.

par Leloir!! Il ose dire, en montrant un mollet étique à la Scipion : « Sans l'aristocratie, le mollet était perdu en France. » Pauvre pays!

Salle comble au premier acte, — et vide au dernier. Grand souper organisé au petit bar. Il a été convenu qu'on ne parlerait qu'anglais. Ceux qui ne le savent pas ne diront rien. Ne pas parler... c'est presque parler anglais.

—

Mercredi. — Dès huit heures du matin, visites diplomatiques en chemise de nuit et veston de chambre, chez les horizontales de grande marque, pour obtenir qu'elles consentent à aller déjeuner à Dives, dans l'auberge de *Guillaume-le-Conquérant.* Très difficile à obtenir la réponse. Les commissaires restent beaucoup trop longtemps. Pourquoi?... Enfin ils reparaissent avec des mines fatiguées, mais avec des réponses affirmatives. Hurrah! Ces dames ont promis d'être prêtes pour onze heures.

A midi un quart, le break à quatre chevaux, conduit par un beau postillon marron et or, se met enfin en mouvement. Chargement extra-chic. Chapeaux catapultueux. Tout le monde est aux fenêtres dans la rue de Paris. Drin! drin! drin! La vie est belle, et la route de la Corniche admirable. Tout le long du chemin, de jolies villas avec terrasses, immenses salons ouvrant sur le jardin, et chambres à coucher toutes garnies de cretonne rouge. On doit être heureux là-dedans.

Passage triomphal à Villers.

En route, rencontre du duc de M...y, conduisant son phaéton. On tient exprès la gauche de la route avec le break et on l'empêche de passer pendant deux kilomètres. Elle est toujours bien bonne! Mais lui pas bête! Tout simplement, il donne les rênes au cocher, lâche son phaéton et monte dans le break.

A Dives, déjeuner exquis dans la *salle des Marmousets*, au milieu des vieilles armures.

— On se croirait au *Chat noir*, dit Terka.

On mange le poulet à la Guillaume et le canard au sang. Un plat exquis.

Après déjeuner, bal sur la pelouse, grâce au passage providentiel d'un orgue de Barbarie. Pas fantaisistes. Aperçus de dessous très froufroutants. Après la première figure, essoufflement général et affalement sur l'herbe en groupes sympathiques. Ces messieurs ont la tête sur les genoux de ces dames qui elles-mêmes ont le dos appuyé sur les jambes de ces messieurs. C'est beau, une famille bien unie!...

Douce somnolence. Aimables facéties. Brins d'herbes dans les oreilles. Chatouillement des narines. On ne s'ennuie pas. Refrain général: « Tu es belle et tu sens bon! »

Le soir, on redevient sérieux. Bal chez la marquise de Senn...roy à la villa Belvédère. Comme tenue, habit noir et casquette. Ah! çà, mais il y a dans le monde des femmes tout aussi jolies que... les autres. Comme on est bête de ne pas y aller davantage. Succès de beauté pour les deux sœurs, madame Cel...a et madame de Br...el. Un cotillon qui commence à minuit. A la bonne heure. Ce sont ces dames qui ont travaillé elles-mêmes de leurs blanches mains à tous les accessoires du cotillon. Bouquets, nœuds de satin, rubans... Nous allons conserver tout cela comme des reliques.

On rentre en faisant des projets sérieux. En somme, c'est peut-être là le bonheur! Si on faisait une fin, si on lâchait la grande fête, si... là-dessus on s'endort d'un sommeil vertueux et réparateur.

—

Jeudi. — Grand assaut d'escrime chez M. D...us. La main est faible et le bras un peu mou. Ah! dame, ce n'est pas la vie de Trouville qui vous donne de la vigueur; cependant les nuits sont bonnes. A déjeuner, on parle beaucoup du duel du préfet avec le maire. La voilà bien l'union administrative!

Deux heures, il faut encore aller aux courses. Ouf! ça ne s'arrêtera donc jamais, mon Dieu!

Et y gagner encore beaucoup d'argent. Quel joli métier que celui du parieur. Et si facile !

Rencontré la jolie mademoiselle Cl...ord, de l'*Americain Messenger*. Elle vend demain à Trouville des fleurs au profit des pauvres, avec Damain, Mauduit, etc.

Vous y viendrez ! Comment donc, trop heureux !

Le soir, trouvé aux petits chevaux une perle inconnue, jolie, élégante, intelligente, fine Parisienne ; comment n'avoir pas déniché cela plus tôt. Elle demeure dans une villa en haut de la ville. Et des dents ! Et des yeux ! Ah ! ça, Monsieur, vous n'allez pas commettre la sottise de devenir amoureux.

—

Vendredi. — Jour de Vénus. A dix heures, envoi d'un gros bouquet de roses à la villa, avec demande de suivre le bouquet une heure après. Permission accordée. *Alleluia !* Villa tout ensoleillée, femme de chambre accorte et souriante. Gros caniche noir remuant son balai, ce qui est bon signe. Châtelaine encore plus jolie que la veille. Robe de toile blanche imprimée avec gros pois mauve, chapeau mousquetaire, à la ceinture une des roses du bouquet envoyé.

— Si nous allions déjeuner dans quelque joli endroit un peu écarté ? A la côte de Grâce, par exemple. — Accepté.

Journée exquise, pleine de calme, de tendresse et de sérénité. A l'horizon, la grande côte du Havre, avec le port rempli de bateaux, la Seine faisant un sillon tout bleu dans la mer verte, tout autour la cour d'une vraie ferme normande avec prairie, rangée de pommiers alignés, et poules picorant dans l'herbe drue; en face de soi, à table, la jolie personne mangeant des écrevisses avec des mouvements de doigts fuselés et de bras nus. Quel bon repos après ces six jours de tohu-bohu, — et quel dommage de rentrer à Trouville!

Si on dînait là! Oui, mais la voiture est renvoyée. On reviendra.

Il paraît qu'il ne faut pas aller trop vite, mais on accepte de dîner le lendemain à Villers. Il y a un train très commode à six heures et demie du soir.

Le soir, arrivée sans défiance au Casino. Attaque en corps des dames vendeuses.

— Ah! que c'est mal! Vous nous aviez promis de venir tantôt.

— Le fait est que j'ai complètement oublié.

— Eh bien! il est encore temps de réparer vos torts; voici une rose.

— Combien en désirez-vous?

— Je n'oserais jamais vous demander autant que vous me donneriez de vous-même.

Bing! La phrase est bien construite, mais elle

coûte cher. Enfin, ne regrettons rien. La journée a été si bonne, et il paraît qu'il y a de pauvres petits matelots qui n'ont pas de chemise. Bast! ce n'est pas la chemise qui fait le bonheur... Et l'on repense beaucoup à la dame de la villa.

—

Samedi. — Objurgations et récriminations amères proférées par les amis de la table infernale. Ils prétendent qu'on les lâche. Reprise des facéties; redépart pour les recourses. Ah! ça, est-ce que cela va durer toujours?

Heureusement qu'il y a le dîner à Villers avec madame, après le grand steeple-chase. Dix minutes de voyage dans un chemin de fer joujou. Achat d'un vieux bahut normand avec ornements de fer chez le marchand de curiosités. Dîner sur la terrasse en vue de la *mer immense*. Vagues phosphorescentes. Langueur générale, électricité dans l'air. La nuit vient peu à peu. A dix heures, on songe au départ, mais il n'y a pas de train pour le retour. On s'en doutait bien un peu. On envoie chercher une voiture et, après une heure d'absence, le patron (qui n'a pas bougé et qui a reçu un louis pour prix de son immobilité) revient navré et annonce qu'il n'a rien trouvé. Amour et machiavélisme. Désespoir et supplication. Il faut rester coucher à Villers. Il y a précisément une jolie chambre qu'on appelle la *chambre des mariés*, mais il n'y en a qu'une...

... Décidément, la vie est une belle invention.

Dimanche. — Dernières fusées du feu d'artifice. Dernier déjeuner d'amis, dernières courses, dernier regard enveloppant tout ce joli monde dans ce décor si coquet et si pimpant. Puis en route pour Paris, le cœur tout attendri et tout épanoui par cette bonne semaine qui a passé si vite, cette semaine pendant laquelle on a eu le soleil, la santé, l'appétit, le plaisir, l'amitié... et même un brin d'amour.

SUR LA TERRASSE DU CASINO

A CHIC-SUR-MER

TABLE N° 1.

MARIÉS DEPUIS CINQ ANS. — Se demandent mutuellement s'ils réalisent bien l'un pour l'autre l'idéal rêvé. Profonds silences et regards de regrets jetés par Monsieur sur les hétaïres qui passent en laissant derrière elles un sillage de parfums capiteux.

TABLE N° 2.

LE MALIN RAOUL ET LE BON BERTRAND. — Raoul a placé Bertrand en face de lui, face à la mer, aimable attention, et par dessus son épaule, il attend le signe que doit lui faire la belle X... quand son monsieur sera parti jouer au Cercle. Il n'en finit pas le monsieur.

TABLE N° 3, très en vue.

LES DEUX GIGOLOS *(ils parlent très haut)*. — Une histoire insensée, mon cher. Grangeneuve me dit : « Voilà Blanche Dartois qui entre rue des Sablons avec le prince, mais je ne crois pas qu'il restera. Comme le prince ne te connaît pas, suis le couple, et, si le prince n'entre pas, viens me prévenir immédiatement aux petits chevaux. Alors, moi malin, quand j'ai vu que le prince ne restait pas... »

TABLE N° 4.

LES TROIS SANS HOMMES. — Arrivées toutes les trois depuis bientôt une semaine, avec un stock de costumes crème, abricot sporadique, fraise écrasée, et une cargaison de chapeaux catapultueux. Eh bien, depuis huit jours, rien..... On ne leur a pas seulement encore offert une menthe à l'eau. Et la chambre dans l'annexe coûte vingt-cinq francs par jour, ce qui est raide pour une femme seule.

TABLE N° 5.

GÉNÉRAL ANGLAIS OU MAJOR DE TABLE D'HOTE. — On ne sait pas. Barbe de fleuve, petite calotte écossaise avec chiffre en argent. Toujours seul. Fume mélancoliquement une superbe pipe très élégante et admirablement culottée. Devant lui, une bouteille de kummel aux trois quarts vides.

TABLE Nº 6.

LES DEUX JOUEURS. — Sont venus avaler en hâte deux bocks entre deux mains. Histoire de changer la veine. La vraie culotte! Sale Casino!

TABLE Nº 7.

HABITUÉS D'ANTAN. — Entrés une seconde prendre une glace. Regrettent le petit Casino de jadis, où l'on dansait entre soi, où l'on soupait après le bal sur l'estrade, et où les demoiselles même les plus huppées étaient honteusement mises à la porte. — C'était bien plus moral, dit l'un qui n'en pense pas un mot. — Mais bien moins amusant, dit l'autre.

TABLE Nº 8.

LES BOOKMAKERS ET LEURS ÉPOUSES. — Sur la table, un nombre fabuleux de bouteilles de vin de champagne vides. Ces honorables gentlemen ne sont pas venus ici pour s'amuser. On entend tout le temps : Citron II, je donne, et aussi Kroumir. Qui veut cinq cents louis de Sabretache. J'offre Barbery à égalité! *All right*. Ah! si Martin-Pêcheur est monté par Carratt.

TABLE Nº 9.

MONSIEUR ET MADAME BALISAUD, MADAME LARDÈCHE ET SES DEMOISELLES, LE PETIT POTHARD. —

Viennent tous les soirs à huit heures sur la terrasse du Casino. On a organisé un tour pour payer le soda à la groseille. On le sirote jusqu'à dix heures, dix heures un quart. C'est bon de mener la *grande vie!*

TABLE N° 10, très sombre.

ELLE ET LUI. — Ils sont là depuis une heure, la main dans la main, — se murmurant mille folies dans l'oreille ; la mer au loin — très loin fait entendre son clapotement, et, par la fenêtre du pavillon, arrive, avec le murmure de la vague, ces mots enchanteurs : « Allons le 8, c'est le dernier pour la poule d'honneur et nous partons. Allez, roulez! »

TABLE N° 11.

LA GRANDE TABLE DES JOYEUX VIVEURS. — Ont trop bien dîné sous la tente. Chacun parle en même temps. Brouhaha insensé. Les femmes rient trop fort pour prouver aux tables voisines qu'elles s'amusent follement. Ces messieurs ont inauguré un nouveau jeu. Il faut se placer à dix pas l'un devant l'autre avec une bougie allumée à la main. On s'aborde et l'on se dit gravement : « L'empereur du Maroc est mort. » Puis l'on se salue gravement et l'on passe. La difficulté est de faire cela sans pouffer.

TABLE N° 12.

PROSE ET POÉSIE. — ELLE *(très tendre)* : Nous ferions bien mieux d'aller nous coucher. — LUI *(grincheux)* : Alors, ce n'était pas la peine de commander deux glaces pour ne pas les prendre.

A LA FÊTE DE NEUILLY

CHEZ MARSEILLE

Sur l'estrade cinq... musiciens, dont un tambour, une grosse caisse et une vieille clarinette aphone. Pour le moment, le tambour est *tenu* par un clubman très élégant et qui réussit les *flas* mais qui manque les *ras*. Il jongle même avec les baguettes. Grand succès parmi la foule bruyante qui gravit les gradins. De l'autre côté de l'orchestre, trois gaillards énormes, vêtus de maillot rose, la poitrine enserrée dans un tricot, les pieds chaussés de bottines garnies de peau de lapin — les bottines d'Hercule !..

Au centre LUI! MARSEILLE lui-même!

Il a gardé sa tenue de gala des soirées de l'Hippodrome. Redingote noire, chapeau haut de forme ! Gants noirs. L'air d'un vieux maître d'armes.

Un clown étique. — Entrez ! entrez, Messieurs. La lutte ! la belle lutte, voilà la lutte ! Trois francs les premières. Deux francs les secondes et un franc les troisièmes !

La foule se rue dans la baraque. Tout le premier rang des chaises est occupé par des demoiselles très élégantes. On s'est empilé jusque dans les frises.

Un monsieur très sérieux. — Pardon. J'avais payé deux premières, et vous m'envoyez dans les troisièmes.

Marseille, digne. — Parce que, comme toujours, mon théâtre est comble, mais je vais vous ouvrir l'avant-scène. (Il soulève simplement la toile derrière le bureau et le monsieur s'appuie sur la balustrade, à côté de mademoiselle Ghinassi. Vive joie de la foule à la vue de mademoiselle Ghinassi.

— Mademoiselle Ghinassi. — Hé, Coco ! Piges-tu la lune qui se ballade ?

— Une amie. — Dis donc Ghi-Ghi, est-ce que tu descends dans l'arène ce soir ?

Un petit monsieur très spirituel. — Ous qu'est son Bidel. (Rires et protestations.)

Marseille. — Silence ! (Un silence relatif se produit.) Mesdames, Messieurs (Bravo !), le spectacle que nous allons avoir l'honneur de donner devant vous (Oh! oh! on se croirait à la Comédie-Française. Vas donc, Delaunay!) commencera par la lutte de M. Albert, dit la Contrescarpe de Dijon (Escarpe suffirait) contre M. Léon, amateur.

Deux hommes à bedaine énorme descendent dans l'arène. Ils sont nus jusqu'à la ceinture. L'amateur est en pantalon de toile bleue, la Contrescarpe est en caleçon de velours écarlate.

MARSEILLE. — Allons-y, les enfants!

Les deux gros se donnent une poignée de mains, puis ils se campent en face l'un de l'autre, repliés sur eux-mêmes, et les mains tendues en avant.

LA FOULE. — Hou!!! Kss! Kss! Je parie pour l'amateur! Voilà le pelotage qui va commencer.

La lutte commence. Les deux gros se palpent, s'empoignent, s'étreignent, et se donnent de grosses claques sur les dos gras et rebondis. On entend : plock! Tout à coup la Contrescarpe empoigne l'amateur par le cou, le fait tourner en l'air et l'abat à terre; mais l'amateur s'arqueboute sur le cou et cambre les reins. Les omoplates ne touchent pas.

LA FOULE. — Ça y est! Ça n'y est pas! Où avez-vous vu que ça y était?

La Contrescarpe retombe de tout son poids sur l'amateur qui râle, mais ne faiblit pas.

(Bravo ! Longue ovation.)

MADEMOISELLE GHINASSI. — Tiens bon ! l'amateur.

QUELQUES TÉMOINS. — Debout ! debout ! Qu'ils se remettent en garde.

MARSEILLE, digne. — Laissez faire, Messieurs !

L'amateur se retourne comme une anguille et se trouve à quatre pattes. Bousculade. Les deux adversaires vont rouler jusque sur les genoux d'une petite dame du premier rang. Cris forcenés.

LES FEMMES, sur un ton suraigu. — Pas par là ! Hi ! Hi ! Hi !

Elles fourrent leur ombrelle et leur éventail dans le... nez des lutteurs pour les obliger à s'éclipser. Ceux-ci vont rouler à l'autre bout.

UN MONSIEUR EN CHAPEAU GRIS. — C'est superbe ! Bravo l'amateur !

UN SCEPTIQUE. — Mais l'amateur n'est pas un amateur. Il y a dix ans que je le connais.

MADEMOISELLE BLANCHE DARTOIS. — Fichue connaissance !

MARSEILLE. — Debout et en garde !

Les deux lutteurs se relèvent et recommencent avec une nouvelle furie. Ils sont couverts de sueur. Les muscles se tordent, les os craquent.

À ce moment, Léon soulève Albert par le milieu du corps et le place horizontalement sur son épaule, puis après l'avoir fait pivoter, d'un mouvement brusque il l'envoie rouler à terre.

— Ça y aaaiiit!!! Ça y aaait pas!!! Si! Non! Tumulte épouvantable.

ALBERT, s'essuyant le front. — Y est pas!

LE MONSIEUR AU CHAPEAU GRIS, hors de lui, descend dans l'arène. — Ça y est! Je vous dis que ça y est!

ALBERT, dédaigneux. — Tu vas t'enrouer.

MARSEILLE, très digne. — Pour moi, tu y es.

ALBERT. — Ah! si c'est l'avis du patron... Au reste, pas fâché de me reposer. (Il remet son tricot rose.)

L'AMATEUR, prend un vieux chapeau et passe dans les rangs. — Messieurs, Mesdames, n'oubliez pas l'amateur. C'est mon seul bénéfice.

MARSEILLE. — Nous allons continuer par la lutte de Bamboula, dit le *Serpent des Pampas*, contre M. Perrin, amateur.

UNE DAME. — Je croyais qu'il était mort, Bamboula?

SON VOISIN. — C'est un autre Bamboula.

MADEMOISELLE LIZI. — Tous les nègres s'appellent Bamboula.

Bamboula et Perrin se mettent en garde.

MADEMOISELLE DELPHINE. — Ils ne sont pas si rigolos que les autres ces deux-là.

L'AMATEUR, se relevant. — Pourquoi que nous sommes pas rigolos?

UN MONSIEUR. — Oui, les autres en se mettant en garde faisaient : Han! han!!! Vous ne faites pas : Han! (Rires.)

L'AMATEUR. — Comment! Pas encore aux bains de mer? Après le Grand Prix pourtant...

MARSEILLE. — Allons, pas tant de discours, et en garde!

Cette fois, Bamboula se remet en garde, en faisant un bond de jaguar. (Bravo! A la bonne heure! Il est rigolo.)

Lutte vive et animée. Le nègre a l'air d'une grande guenon; il bondit, rampe, se tord, roule des yeux tout blancs, à la grande joie de la galerie. M. Perrin a une épouvantable tête de rôdeur de barrière. Dans les lèvres, il tient un bout de cure-dents *pour mieux respirer.*

LA FOULE. — A-t-il l'air méchant! Je n'aimerais pas à le rencontrer au coin d'un bois. Crois-tu, ma chère! Allons bon, l'amateur perd sa culotte! (Sur l'air des *Lampions:* La culotte! la culotte! la culotte!!)

MARSEILLE. — Debout! Et receignez les ceintures. (Oh! oh! Receignez! Il est gigantesque, papa Marseille.)

Nouvelle lutte. Bamboula a pris Perrin par le cou.

LE MONSIEUR AU CHAPEAU GRIS. — On ne doit pas serrer; à bas les pattes ! Marseille, n'est ce pas qu'on ne doit pas serrer ?

MARSEILLE. — Le coup est loyal. Il n'a pas fermé la paume !

Cette fois Bamboula et Perrin ont roulé sur deux dames du premier rang et les ont renversées à terre. Bousculade indescriptible et tumulte insensé. A grand renfort de cannes et d'ombrelles, on dégage les deux dames. Les deux adversaires ne se lâchent pas. On entend des han ! formidables. Bamboula a pris Perrin à bras le corps et serre jusqu'à ce qu'il sente son adversaire faiblir, faute de respiration. Il l'envoie alors rouler dans la poussière, inerte.

Tonnerre d'applaudissements ! Le monsieur au chapeau gris s'élance dans l'arène et serre Bamboula dans ses bras. Un autre lui apporte une gigantesque botte de carottes garnie de verdure. Les femmes entourent Bamboula. On lui donne des cigares et des pièces de vingt sous.

MARSEILLE. — Messieurs, Mesdames, les luttes ont été longues, mais belles. C'est pour avoir l'honneur de vous remercier.

— Comment, déjà ? (Réclamations.) Donnez-nous une

autre représentation ! Nous repayerons une seconde fois. Marseille ! Mon petit Marseille !

Marseille. — Messieurs, à demain. Éteignez le gaz !

La foule s'écoule au milieu d'un tumulte inénarrable ; éclats de rire, cris de femmes serrées de trop près ou chatouillées. — Albert ! Albert ! Il ressemble à son père ! Hé, Perrin ! etc., etc.

Marseille, seul. — Et dire que c'est tous les soirs la même chose !

UNE JOURNÉE A BOUGIVAL.

NEUF HEURES. — Temps superbe. On arbore le chapeau à large galon bleu, le veston clair, la cravate à la Colin, et en route pour chercher Lazarine; un peu commune, mais la vraie femme de ce genre de partie.

DIX HEURES. — Arrivée chez Lazarine qui, bien entendu, n'est pas prête. « Je me suis couchée si tard hier. » — Hum! hum! Il vaut mieux ne pas approfondir, d'autant plus que cela ferait manquer le vapeur qui part à onze heures.

MIDI. — Déjeuner à bord avec la truite saumonée et le filet jardinière. En passant devant Asnières, les habitants battent du tambour et jouent du clairon pour fêter le passage du vapeur.

Lazarine leur répond en agitant sa serviette : « Ohé ! le gros père ! Ohé ! votre femme va bien ! »

TROIS HEURES. — Arrivée triomphale à la Grenouillère. Les rameurs lèvent leur rame, le barreur lève son chapeau, Lazarine lève son ombrelle. « Dénage à bâbord. Là. Halte ! » Tout le monde embrasse Lazarine.

QUATRE HEURES. — Le bon bain avec coupes, planches et brasses élégantes devant le nombreux public empilé sur l'entrepont. Course, divertissements. Le gros Chameroy fait une joute sur l'eau avec le petit d'Éparvin. Lazarine est émerveillée et rêveuse.

CINQ HEURES. — On se r'habille dans la même cabine. C'est pour cela que c'est si long ! Il faut bien servir de femme de chambre à cette pauvre Lazarine.

SIX HEURES. — Frais et reposé, on se met en route pour Bougival en suivant l'île. Lazarine a acheté une trompette-canard. En soufflant, on tire une ficelle et le canard ouvre le bec, c'est ravissant.

SIX HEURES ET DEMIE. — La vieille scie du péage au pont : Un sou ! « Mais j'ai déjà payé la semaine dernière. Et les militaires, ont-ils droit au quart de place ? Madame n'a pas encore l'âge de raison ! » — Le gardien attend, impassible, la fin des facéties, tandis que la foule s'amasse au guichet.

SEPT HEURES. — On commande un dîner fastueux à un garçon qui ne vous écoute pas ; mais aussi, pourquoi lui commander à dîner ? C'est si simple d'aller chercher son plat et d'embrasser par la même occasion les jolies filles au passage.

HUIT HEURES. — Entrée du violoniste et du harpiste. « Hou ! hou ! hou ! Nous n'en voulons pas. Assez la musique ! » Les musiciens entament la marche des *Volontaires*. Tout le monde reprend en chœur. Lazarine enthousiasmée vide votre bourse dans le chapeau du quêteur.

NEUF HEURES. — La nuit vient. C'est le moment de monopoliser les lampes. On en éteint successivement onze qu'on cache. Au moment où toutes les tables se plaignent de l'obscurité on rallume les onze lampes et on a une table à *giorno*. Lazarine se tord.

DIX HEURES. — Bras dessus, bras dessous, un peu parti, on reprend le chemin du bal des canotiers en chantant :

J'avais mon pompon en rev'nant d'Suresnes.

Encore ce péage ! Quelle scie. Voilà vingt francs et fichez-moi la paix jusqu'à ma mort, s'écrie Lazarine !

ONZE HEURES. — Le dernier bal où l'on danse

encore avec conviction. Pas de zéphyr, grenouille expirante. Chahut ! Balancez vos dames. Bravo, Lazarine ! C'est amusant, mais quelle chaleur, mes enfants !

MINUIT. — La grande farandole finale, un grand monôme éclairé par des lanternes vénitiennes portées au bout de perches. Et maintenant en voiture !

UNE HEURE DU MATIN. — Entre Rueil et Suresnes. « Tu m'aimes, Lazarine ? — Je ne sais plus, je suis trop fatiguée. »

CONSEILS PRATIQUES :

Pour aller à Bougival, il est préférable de se munir d'une compagne. Choisissez-la bonne fille, élégante, pas poseuse, aimant la danse et pas difficile sous le rapport de la cuisine.

On peut s'y rendre par le vapeur, mais c'est bien long, et cela fait commencer la journée de trop bonne heure. Il y a aussi le petit tramway de Rueil. Le mieux est de faire le voyage en voiture, mais jamais au grand jamais par la route de Courbevoie, seul chemin que connaissent les cochers.

Itinéraire ravissant : avenue du Bois-de-Boulogne. Allée des Acacias. Pont de Suresnes : petit raidillon à droite jusqu'au Mont-Valérien. Descente à Rueil, et tourner à droite jusqu'à la

Grenouillère où l'on passe le bac sans aller jusqu'à Bougival.

Une fois arrivés sur l'entrepont de la Grenouillère, ne pas se croire obligé de se livrer aux éclats d'une gaieté bruyante, aux danses macabres, ou aux chansonnettes accompagnées sur le piano de l'établissement, et quel piano ! Réservez-vous frais pour le soir, installez-vous dans un bon coin et assistez en spectateur impassible aux ébats des petits jeunes gens.

Le bain est une excellente manière de passer l'avant-dîner. Cependant, si vous êtes amoureux, une petite promenade dans l'île n'est pas désagréable. Il y a sur le bras de gauche des petits coins charmants, avec canapés d'herbe très confortables où l'on jouit d'une tranquillité parfaite.

Si vous louez un bateau au père Fournèze, gardez-vous bien de ramer vous même, ce qui vous courbaturerait, et, faute d'habitude, vous ferait venir aux mains des ampoules atroces. Prenez un mercenaire et, mollement étendu, côte à côte avec Madame, laissez-vous aller au fil de l'eau, en tenant d'une main distraite la ficelle du gouvernail.

N.B. — Ne jamais permettre à Madame de gouverner.

Il est assez intelligent de se faire déposer par

ce canot à Bougival, sur le coup de six heures et demie, heure des apéritifs.

Là, se ruer vers le restaurant à la mode, se retenir une table dans le centre du jardin, de manière à avoir un aperçu général de la fête. Commander son dîner et aller s'asseoir devant la grille pour voir les arrivées de Paris en voiture. Un véritable défilé très amusant.

Au commencement du dîner, donner cent sous au garçon qui sert votre table. Au moins on aura le bénéfice de son argent. Monopoliser immédiatement un buisson d'écrevisses sur le grand buffet et l'emporter sur sa table. Il n'y en a jamais pour tout le monde. Menu simplet conseillé : Potage Saint-Germain, friture de goujons, canetons aux oranges, écrevisses, fraises. Se bien garder de demander autre chose que du vin ordinaire... et pour cause. Dompter ce vin du cru avec une eau minérale quelconque.

Pour se débarrasser des fleuristes, acheter tout de suite à la plus jolie un bouquet pour Madame et une rose pour votre boutonnière. Puis, à toutes les autres qui viendront, vous direz avec votre plus charmant sourire :

— Ah ! si vous étiez venue plus tôt !..

Au dessert, vous avez le droit de commencer quelques couplets en chœur, mais choisissez-les faciles et très connus : *le P'tit bleu, Madame*

Lenglumé, *l'Omnibus*, *le P'tit vin de Bordeaux*, sont indiqués. Il y a aussi les airs d'*Excelsior*, tout le monde se levant de table et se rasseyant en mesure.

Après le dîner, faire un petit tour au casino en attendant le bal, et risquer quelques francs aux petits chevaux.

Ne pas arriver au bal avant dix heures. Là, donner son pardessus au vestiaire des dames, à cette excellente Marion. D'abord, il y a moins d'encombrement, et puis c'est un prétexte pour entrer dans le sanctuaire et assister aux coiffures maquillage, etc., etc.

Au bal, choisir une table au premier rang, qui servira tout le temps de la soirée de point de repère, et de lieu de repos. Danserez-vous? Ne danserez-vous pas? Il fait bien chaud. Cependant c'est un prétexte pour lâcher un peu Madame, et prendre de petits rendez-vous avec d'autres.

Revenir douze dans une victoria destinée à quatre personnes. Les femmes sur les genoux ou assises dans la capote. Grand morceau d'ensemble avec les mirlitons-canards. A Rueil, on boira le coup de l'étrier. En entrant dans Paris, le Monsieur assis sur le siège changera de chapeau avec le cocher, c'est la tradition.

Enfin, dernier conseil plein d'expérience et de profondeur. Après une journée semblable, ramener Madame jusqu'à sa porte... et là lui souhaiter le bonsoir et rentrer sagement se coucher. Pourtant, si elle insistait trop... mais il est rare qu'elle insiste... trop !

COUSINE DES BOISONFORT

Certes, la comtesse Trajowska avait excessivement bon air au Concours Hippique, et sir John Halifax, le richissime anglais, attaché militaire à l'ambassade, n'avait pas été sans être vivement impressionné par le charme de la belle blonde. Elle arrivait chaque jour vers les quatre heures pour les courses au galop, tantôt seule, tantôt avec une amie, tournait sans hésiter à gauche et s'installait au deuxième rang, à une place retenue par un majestueux valet de pied. Toujours admirablement mise, avec des costumes cheviots tout simples, mais relevés par des gants gris perle, et une fleur à la boutonnière, elle pointait avec le plus grand sérieux sur son programme, tous les cavaliers, habits rouges ou officiers, notant les fautes, les demi-fautes, les quarts de fautes dans des colonnes spéciales et donnant ensuite en marge une note finale variant de 0 à 20. Évidemment c'était une femme du meilleur monde et une sportswoman des plus sérieuses.

Sir John s'était informé auprès d'un diplomate, le baron de Saint-Machin. Celui-ci avait répondu :

— Comtesse Trojowska? Très bonne famille; cousine des Boisonfort; ouvrait encore le bal il y a trois ans avec l'empereur d'Autriche à la cour de Vienne.

Peste ! mais alors... pourquoi tournait-elle à gauche? Pourquoi se plaçait-elle dans la terrible tribune, la tribune infernale ? Pourquoi n'allait-elle pas siéger là-bas à droite, au milieu des toilettes sombres et des chapeaux austères. Bast ! Qui sait ? Peut-être ignorance d'étrangère, ou simplement caprice de grande dame voulant s'amuser.

Car, il faut bien l'avouer, on s'amusait joliment mieux dans ce petit coin-là que dans tout le reste du palais de l'Industrie. C'était une bousculade insensée de clubmen, d'officiers en uniforme, de cavaliers en habit rouge cherchant à s'approcher de quelque jolie fille en renom. Il y en avait qui, du haut de leur banquette, tenaient véritablement cour plénière, prenant un malin plaisir à dominer ainsi tous ces adorateurs ravis, le nez en l'air, et à causer de petites émeutes. D'ailleurs, on s'occupait assez peu des chevaux. De temps en temps, lorsque les applaudissements éclataient, ou lorsque les rires de la foule indiquaient quelque incident, ces demoiselles se hissaient sur leurs pointes en s'appuyant sur quelque dos complaisant, et consentaient à contempler la lutte entre l'homme et la bête jusqu'au fatal coup de cloche, le coup de cloche qui indique que tout le monde — jury, public et cheval — en a assez. Mais, le reste du temps, c'étaient des interpellations baroques, des ripostes saugrenues, des reconnaissances bruyantes, avec évocation de souvenirs attendrissants, puis aussi des projets de fête pour le soir, dîners organisés en bande, excursions à la foire au pain d'épice, ou à l'Hôtel de Ville, etc., etc., jusqu'à ce qu'un homme à idée géniale (il y en avait toujours un) proposât d'aller luncher dans les écuries, projet accueilli avec enthousiasme.

Au milieu de ce brouhaha, la comtesse Trajowska restait très digne, très calme, avec son air hautain et un peu dédaigneux, continuant ses pointages et ses annotations en femme qui considère le Concours Hippique comme une institution sérieuse et non comme un... rendez-vous bourgeois. Ce n'était pas, d'ailleurs, qu'elle ne fût, elle aussi, très entourée, mais on voyait bien que ses interlocuteurs étaient tous des cavaliers émérites, désirant savoir les notes données par une femme compétente. Rien qu'à la façon dont on l'abordait, on sentait qu'il n'était pas question de galanterie, mais simplement de science hippique.

Aussi, si John Halifax, rencontrant Saint-Machin, n'eût-il rien de plus pressé que de se faire présenter par le diplomate. Celui-ci affirma, d'ailleurs, que la chose était facile. Parbleu! le représentant militaire du Royaume-Uni de Grande-Bretagne et d'Irlande n'était pas le premier venu. Sans cela !

Précisément les deux daumonts de la comtesse Potocka et du comte de Pomereux venaient de rentrer à l'écurie. Les courses pour officiers de cavalerie — réserve et ligne — n'étaient pas encore commencées. Il y avait un intermède rempli par une bruyante fanfare de chasse, c'était un bon moment. Saint-Machin présenta l'attaché le plus respectueusement du monde, avec toutes les formes de la plus exquise politesse, et en insinuant qu'il avait trois cent mille livres de rente; puis, en homme discret... ou ayant mieux à faire, il s'esquiva, laissant sir John en tête-à-tête.

— Je connais beaucoup la duchesse douairière

de Boisonfort, votre cousine, je crois? commença le noble Anglais très ému.

C'est que vraiment la comtesse était encore plus jolie, vue ainsi de près avec ses grands yeux bleus, son sourire d'enfant, et surtout cette haute taille, la faisant toujours campée, même au repos, dans des attitudes triomphales.

— Ma cousine, la duchesse? Oui, cousine bien éloignée. Nous nous voyons peu. Ah! ah! Voilà *Légataire* monté par M. de Larmejane. Le cheval paraît sage et bien rassemblé. Bon départ. Bien. Il aborde l'osbtacle avec sang-froid; maintenant, la barre fixe. Très bien. Le mur est un obstacle un peu enfantin. Ne trouvez-vous pas?

— Je trouve, Madame, je trouve.

— Maintenant, hardi pour la rivière! Bravo! Allons, monsieur de Larmejane, vous aurez un bon dix-huit. Lui mettriez-vous un dix-huit, Monsieur?

— Oh! chère Madame, tout ce que vous voudrez. Un trente-huit, un quarante-huit!

— Mais, non, je ne cote pas plus haut que vingt. Vous êtes un enthousiaste.

— Ah! Madame, c'est que j'ai conservé une jeunesse de cœur, une fraîcheur de sentiments...

Il allait en dire beaucoup plus long, mais il craignit de froisser la cousine des Boisonfort par l'aveu d'une passion trop prompte. Il fallait aller piano, sano. Exprimer son admiration, mais une admiration n'excluant pas le respect. Et, tandis qu'il cherchait un moyen de résoudre ce difficile problème, il se sentait de plus en plus pris par le contact de cette femme charmante qui, pour mieux suivre la course, se frôlait contre lui, sans songer à mal, et avec le calme d'une conscience pure. Quand elle se penchait en avant, il suivait la ligne onduleuse de son cou. Il regardait avec attendrissement les petites mèches qui se tordaient sur la nuque avec des reflets dorés, et, de toute cette séduisante créature s'exhalait comme une bonne odeur de dragée, grisante, capiteuse, à rendre fou l'Anglais le plus flegmatique et le plus maître de son *self government*.

— Ah, Madame, si vous saviez, commença-t-il...

Mais, à ce moment, Larmejane arriva, immense, dégingandé, le stick sous le bras, le képi en arrière, avec ce laisser aller spécial et chic qui caractérise l'École de Saumur.

— Bonjour, petite comtesse! s'écria-t-il gaiement. Eh bien, quelle cote m'as-tu donnée?

Et il se pencha vivement par-dessus l'épaule pour regarder le programme.

— Un 18! Bon cela! Bono bezef! Les camaros n'ont qu'à bien se tenir. Tu m'as donné la cote d'amour, n'est-ce pas? Enfoncés les citrouillards!

Et il partit en riant, tandis que sir John Halifax restait un peu interloqué.

— Il me semble, dit-il, que ce jeune officier est bien sans façon, bien libre d'allures... Bono bezef! Les citrouillards!!

— Oh! dit vivement la comtesse Trajowska, je le connais beaucoup.

— Mais, ne s'est-il pas permis... de vous tutoyer?

— Nous nous sommes connus tout petits. C'est un ami d'enfance, qui a joué avec moi au ballon. Peut-être aurais-je dû, plus tard, faire cesser cette familiarité, mais je n'en ai pas eu le courage.

— Vous êtes la meilleure des femmes, et je me plais à rendre hommage à la délicatesse de vos sentiments...

Cependant la comtesse n'écoutait plus. Il y avait un malheureux officier de dragons dont le cheval s'était dérobé trois fois devant la douve par un demi-tour à gauche et il tapait du pied avec impatience.

— Mais non! Il ne faut pas continuer le cercle. Il faudrait revenir par un demi-tour à droite, sans cela le cheval tournera toujours et se dérobera encore. Là, qu'est-ce que je disais? Allons bon! Maintenant il va bousculer le jury!

En effet, par une immense volte, le cheval était venu presque sur la chaise de Mornay, et le petit duc avait eu juste le temps de s'esquiver par un de ces bonds de carpe dont il a le secret. La cloche sonna désespérément et le dragon, penaud et confus, reprit tristement le chemin des écuries, tandis que la comtesse lui marquait un six.

— Et encore, ajouta-t-elle, je lui tiens compte de ce que son cheval est *retivard*.

Cette fois, la comtesse fut littéralement entourée par une bande de cavaliers.

— Bonjour, toi! Hein, as-tu vu l'ami Frontignan sur son canasson ?

— Quel carcan! Il l'appelle *Va-Bon-Train*. — Un comble !

— Quelle cote lui as-tu collée ? Un 6. Bravo! Il a besoin de retourner au Chardonnet.

— Comment le trouves-tu, le cheval Goujon au capitaine Cournet?

— Tête bien carrée, répondait la comtesse, de la hanche, de la taille, pas trop près de terre, pas trop d'air sous le ventre non plus, bien établi sur sa base, bon dessus, bon dessous, bien cerclé, de l'étoffe sans gros.

— Oui, mais tu ne te méfies pas assez du flanc retroussé.

— Mais le plumet est bien planté.

— Et comment trouves-tu sa culotte?

— Juste bien, s'il en avait plus il ne s'engagerait pas de l'arrière-main ; mais les poignets sont bons, les tendons bien détachés. Avec cela du sang, du vert, du persan, droit comme un I. Allons ! Le cheval est de première.

— Viendras-tu tarauder au buffet ?

Sir John Halifax n'en revenait pas. Le plumet ! La culotte ! On osait parler à la comtesse de la culotte ! On lui demandait si elle irait *tarauder au buffet*. C'était épouvantable. Et ils la tutoyaient tous !

Il en fit timidement l'observation à madame Trajowska qui, un moment embarrassée, répartit bien vite :

— Mais non, mais non ! Vous vous êtes trompé. Comme ils parlaient ensemble, vous avez cru que c'était à moi que leurs phrases s'adressaient, mais ils se tutoyaient entre eux, rien de plus. Quant aux expressions qui vous ont choqué, ce sont des termes techniques absolument employés dans le langage du sport.

— Mais enfin… où avez-vous connu tous ces messieurs ?

— Les officiers vont beaucoup dans le monde, maintenant. On se les arrache. Au Jockey, il suffit d'appartenir à l'armée pour être reçu sans discussion.

— Et votre cousine Boisonfort !

— Chez elle aussi on aime beaucoup les militaires ; mais vous m'empêchez de suivre la course.

— Mille pardons, comtesse, et veuillez excuser mon maudit bavardage.

Cette fois, le tête-à-tête fut interrompu par un officier du cadre de Saint-Cyr, avec une large culotte noire boudinée dans des bottes Chantilly.

— Comment te voilà ici, ma belle coteuse!

Celui-là aussi tutoyait! Il continua les mains dans ses poches :

— Figure-toi que, ce matin, j'ai failli prendre une tape sur le cercueil à cause d'un adipeux qui avait mis son aponévrose sur les lices. Je te promets que je lui ai piqué un joli amphi. Il est resté tué de mon lutus!...

Qu'est-ce que c'était que tout cela???... Précisément les courses tiraient à leur fin, et sir John scandalisé aperçut Saint-Machin qui descendait l'escalier. Il se précipita vers lui.

— Voyons, mon cher ami, vous m'avez bien dit que la comtesse était d'excellente famille, cousine de Boisonfort, qu'elle avait dansé avec l'Empereur.

— Parfaitement.

— Alors, vraiment vos officiers français sont d'étranges sires. Ils lui parlent le képi sur la tête, et si vous aviez entendu : la culotte, les adipeux, les aponévroses! Que sais-je! Enfin, vous n'allez pas me croire, mais ils la tutoient tous!

— Cela ne m'étonne pas, la comtesse Trajowska est très bien née, mais...

— Mais?

— Depuis quelques années, elle a quitté sa famille, et elle vit à Saumur où elle a déjà fait la joie de plusieurs promotions.

— Ah! si j'avais su! s'écria John Halifax.

Et, voyant la majestueuse comtesse qui allait sortir du palais de l'Industrie, il s'élança derrière elle en criant :

— Comtesse! Comtesse! Veux-tu dîner avec moi ce soir? Nous tarauderons!

AU CABARET.

TEL MENU, TELLE FEMME

MENU CATAPULTUEUX

Potage Reine. — Coquilles de laitance. — Culotte de bœuf à la chipolata. — Bécasse rôtie. — Salade. — Asperges en branche. — Coupe Jacques. — Royal Saint-Marceaux. — Pontet-Canet.

CELLE QU'ON VEUT MONTRER : *Sur la terrasse d'un restaurant des Champs-Élysées.* — Belle fille, peu intelligente, mais excessivement décorative. Aux oreilles, des saphirs garnis de diamants. Six bracelets sur chaque gant de peau de Suède. — Une table juste au centre, bien en vue. Sur la table un bouquet de roses. Bouteilles poussiéreuses couchées dans des paniers à roulettes.

MENU SENTIMENTAL

Consommé à la Royale. — Croustades de homard. — Côtelettes de chevreuil. — Suprême de caille. — Petits pois. — Victoria aux pralines. — Vins : Beychevelle et Pommery première.

CELLE QU'ON AIME : *Au café X..., sur les boulevards.* — Après bien des hésitations, elle a enfin accepté à dîner. Toilette sombre, mais excessivement élégante. Corsage ouvert en carré. Merveilleusement coiffée. Aux oreilles, deux perles noires sans griffes pour éviter les égratignures. S'est défiée d'elle-même et a accumulé tous les obstacles, jupons, lacets compliqués, pantalons brodés indéchirables, etc., etc. Est absolument décidée à ne pas tomber le premier soir... Cependant, si ce malheur arrivait, elle a mis à tout hasard des bas ravissants brodés avec des papillons vieil or sur noir. — Un cabinet au premier bien confortable; gaz éteint, bougies.

MENU INCOHÉRENT

Pas de potage — un gros melon — un autre gros melon. — Crevettes de Dieppe. — Filets d'anchois en ravier. — Filets de ris de veau à la Maréchale. — Écrevisses de la Meuse au vin blanc. — Un excellent rumsteck aux pommes nouvelles. — Deux côtelettes saignantes. — Des œufs brouillés (!!!) — Victoria aux pralines. — Brioche à l'Ancienne. — Xérès. — Sauterne. — Fronsac en carafe. — Château-Pichon-Longueville. — Haut-Brion. — Moet (grand Crémant)… et tout ce que le sommelier a voulu.

PARTIE IMPROVISÉE : *Au pavillon Machin, au bois de Boulogne.* — Cabinet ouvrant sur le parc. Cretonne gaie à gros bouquets. Le menu est tout à fait fantaisiste, personne n'a commandé d'avance au maître d'hôtel : et les plats sont arrivés à la queue leu-leu sur demande individuelle et non motivée.

MENU PROVINCIAL

Potage Saint-Germain. — Turbot sauce hollandaise. — Filet de bœuf au Xérès. — Canneton de Rouen. — Petits pois. — Soufflé au chocolat. — Château-Giscours. — Veuve Clicquot.

CELLE QUI SE CACHE : *Aux Batignolles, chez le Père-Machin.* — Adultère et mystère. Chapeau Henri III, sans plume. Voile épais. Pas de bijoux. Costume anglais sans taille, forme blouse. Pas de corset. Un seul jupon. — Le cabinet, là-bas, là-bas, au fond de la cour, derrière le jet d'eau. Murs humides, chaises en vieux damas, sofa en velours rouge datant de Gavarni.

MENU ÉTHÉRÉ

Potage à la Chevreuse. — Filets de crevettes à la Vénitienne. — Cailles à la Régence. — Petits pois à la Française. — Bombe aux fraises. — Johannisberg. — Raventhaler. — Saint-Peray mousseux.

CELLE QUI EST POÉTIQUE : *Au bois de Boulogne.* — Par une belle soirée d'été, l'emmener là-bas dans le petit pavillon perdu au milieu des arbres. Autant que possible avoir une lune au ciel et quelques tziganes perdus dans le feuillage. Fleurs, rayons, parfums, mélodies.

N. B. — Avoir copieusement dîné avant cette petite partie.

MENU EMBRASANT

Potage bisque. — Homard à l'Américaine. — Cailles en caisse. — Truffes. — Salade céleri. — Artichauds poivrade. — Ananas à la vanille. — Romanée-Conti 63. — Côte-rôtie. — Dry-Monopole.

CELLE QU'ON VEUT : *Restaurant X..., entrée par la rue... Chose.* — Cheveux noir-bleu, teint pâle, sourcils arqués, yeux pleins de langueur.

Un léger duvet au coin des lèvres. Corsage plein de promesses. Mains petites, pleines de fossettes, d'une douceur de peau exquise, de ces mains qui vous font frissonner rien qu'en vous effleurant. — Demander le cabinet 7, le seul qui possède un canapé turc large comme un champ de manœuvre. Verrous solides. Murs tendus de satin pour étouffer les sanglots et absorber l'agonie. Deux paravents. Garçons sourds et maître d'hôtel aveugle.

MENU BOURGEOIS

Potage de santé. — Éperlans frits. — Un demi-poulet chasseur. — Salade. — Bordeaux ordinaire. — Eau de Saint-Galmier.

VIEUX COLLAGE: *A la Taverne anglaise.* — Mal coiffée, cheveux dans le cou. Chapeau fermé avec plume défraîchie. Robe cheviot de la journée. Il y a si longtemps qu'*ils* se connaissent que ce n'est vraiment pas la peine de faire des frais. — Un bon coin, près du comptoir, où l'on puisse causer de ses petites affaires à la bonne franquette et les coudes sur la table.

MENU D'EXTRA

Potage à la Chevreuse. — Filet de saumon à la Vénitienne. — Cailles à la Régence truffées. — Sorbets au kirsch. — Chaud-froid de homard à la

Russe — Petits pois à la Française. — Bombe Napolitaine. — G. H. Mum (extra-dry) tout le temps.

JEUNE MÉNAGE : *A la Maison d'argent.* — C'est Madame qui a choisi l'endroit; elle veut faire un dîner absolument semblable à celui que monsieur faisait jadis avec les cocottes. Cabinet en laque verte, rideaux en vieux brocart. Glace pleine de souvenirs. Pour le menu, Madame a déclaré qu'elle ne voulait rien manger de ce qu'elle mangeait à la maison et qu'elle voulait du vin de Champagne tout le temps.

MENU SIMPLE ET DE MAUVAIS GOUT

Consommé aux quenelles de volaille. — Beaucoup de hors-d'œuvre. — Radis. — Filets d'anchois. — Saumon grillé. — Filet de ris de veau à la Maréchale. — Poularde truffée, sauce Périgueux. — Salade. — Pâté de foie gras. — Écrevisses de la Meuse en buisson. — Bombe vanille-orange. — Gâteau punch glacé. — Fronsac en carafe. — Tisane. — Alicante.

CELLE QUI EST DANS LA COUTURE : — *Là-bas, chez Chose, au quartier Latin.* — Dix-sept ans. Très bien coiffée. Habillée tout en noir. Bijoux en jais. Gants noirs vieux et très recousus. Maigre comme un chat et sèche comme un fruit vert. Chemise en grosse toile et pantalon en madapolam. De là sa vertueuse résistance. Cabinet très doré avec beaucoup de glaces, le lustre allumé, beaucoup de bougies.

MENU NOURRISSANT

Croûte au pot avec beaucoup de légumes. — Sole Mornay avec beaucoup de fromage. — Filet de bœuf avec beaucoup de pommes de terre. — Poulet rôti avec beaucoup de salade. — (Sur sa demande.) Encore des pommes de terre. — Riz à l'Impératrice. — Vins : du Bordeaux ordinaire à discrétion.

CELLE QUI DÉBUTE : *Au café de la Guerre.* — Arrive de sa province. Carnation superbe, joues trop rouges, cheveux trop frisés, chapeau trop voyant et corsage trop clair, mais belle fille quand même. Un peu ahurie par le brouhaha du café de la Guerre, mais s'amuse de tout son cœur de ce va-et-vient tumultueux. Appétit formidable. — Une table tout à fait dans le fond du petit salon. On ne tient pas à trop la montrer ; mais elle a voulu absolument dîner dans la salle commune. Les cabinets, c'est trop triste !

UN CONCOURS DE BEAUTÉ

Excité par les concours de Paris et de Vienne, Richard O'Monroy a institué, lui aussi, un concours de beauté, de beauté morale, bien entendu! Mais il lui faut du temps pour examiner les mérites divers des concurrentes. Au premier jour, nous publierons le résultat de ces consciencieuses études. En attendant, voici quelques lettres qui prouvent au moins notre dévorante activité. Nous demandions à ces dames leurs titres à concourir; leurs lettres ne contiennent que leurs louanges. Mais ici, avant d'être homme, nous sommes juge. Si l'impartialité nous oblige à publier ces louanges, elle nous forcera à les vérifier, par un contrôle sévère, d'autant que la plupart de nos gracieuses correspondantes n'ont pas suivi *à la lettre* le petit tableau que nous leur avions adressé. L'âge n'est indiqué nulle part (nous avions cependant demandé, à dix ans près... mais il paraît que c'est encore trop). On ne nous a pas envoyé, sauf quelques rares exceptions, les dimensions que nous avions spécifiées : longueur générale des jambes, mesure à la cuisse, au genou, au mollet, à la cheville, etc. En revanche, les renseignements sur la bonté du cœur et le joyeux entrain sont assez complets, mais très optimistes ; or nous demandons des actes et non pas des paroles, ne voulant accorder le prix qu'en connaissance de cause et au vrai mérite. Et maintenant lisons !

1re *Série.*

SECTION DES DEMI-MONDAINES

Monsieur Richard O'Monroy,

Il y en a qui sont jolies, moi je suis belle, d'une beauté sculpturale, imposante, majestueuse, commandant le respect. Mon profil est d'une pureté exquise, mes yeux verts avec de grands cils noirs, ma bouche toute petite, retroussée dans les coins avec une ombre imperceptible de duvet doré. Mes cheveux descendent jusqu'aux chevilles, et, sur le front, j'arbore fièrement la mèche blanche des Scylla. Grande entre les grandes, je fais rêver en marchant d'un pas olympien à je ne sais quelles fêtes triomphales. Un moment trop grasse, j'ai repris cette année toute ma sveltesse. J'ai la poitrine élégante, les reins larges, les hanches ni comprimées ni déformées, les bras potelés terminés par des mains de patricienne aux doigts fuselés et aux ongles courbes, la cuisse longue, le mollet nerveux prenant à la lumière de la bougie — et pour cause — des reflets dorés, le pied cambré, le talon rose avec le doigt du pied retroussé comme la statue d'Isis de Franceschi.

Je suis très bonne, très simple, et ai l'horreur de tout ce qui est bruyant, clinquant ou compliqué. J'aime les nuances discrètes, les voix douces et pénétrantes, l'amour agréable, bien compris, sans heurt, difficultés ou obstacles. Avant tout, même dans les moments d'entrainement, je tiens à être moi. Si je ne pouvais être moi, j'aimerais mieux m'abstenir complétement. J'aime causer et je sais écouter; lorsque la conversation m'intéresse, je sais la faire durer à l'infini. J'aime le luxe d'intérieur comme un cadre nécessaire à la beauté et j'ai un faible tout particulier pour les bibelots Louis XV. Peu désireuse de me mêler à certaines femmes qui n'ont ni mes goûts, ni mes habitudes, ni ma haute allure, je mène une vie régulière — beaucoup trop régulière à ce que dit le docteur — et je consacre au bezigue un temps qui pourrait être bien mieux employé.

Et cependant l'on dit que mes yeux verts promettent tant de choses!

Quand tiendront-ils?

MARY DE FLAUMESNIL.

Qu'est-ce que tu nous chantes? T'écrire des lettres. Oh! la! la! Ous qu'est mon secrétaire? Comme si tu ne me connaissais pas depuis longtemps, gigolo de mon cœur. Voyons, suis-je moins gaie, moins bruyante, moins soupeuse, moins en train qu'autrefois? Est-ce qu'au théâtre j'attrape moins bien que jadis les nez des petits michetons avec des boulettes bien lancées? Est-ce que je n'offre pas dans un dîner, avec mon même sourire enchanteur, des fleurs aux hommes attendris, fleurs dont j'ai préalablement trempé la tige dans le moutardier. Ce que j'ai ri, ma chère!.... Dame, les dents sont belles, le teint mat, les yeux brillants, la taille bien prise. Je gante 6 pour les gants clairs, 6 1/4 pour les gants foncés, 35 pour la chaussure.

Pour l'amour... tu demandes ce que je pense

de l'amour... dis donc pas de bêtises. Je ne pose certes pas pour le tempérament, mais dame j'ai une peau glacée qui plaît surtout en été. La voix? Heu! heu! un peu éraillée, mais j'ai tant... parlé. Ah! mon ami, demande à ma petite pension si je ne mérite pas le prix: prix de gaieté, prix d'excursion à la campagne, prix de chahut dans les bastringues, prix de boucan aux Ambassadeurs, prix d'attrapage dans les cabinets particuliers, prix de huit-ressorts, prix de toque en loutre, tous les prix, tous, les plus élevés comme les plus minimes. Est-ce qu'il n'y a pas un machin, un proverbe qui dit : Les petits ruisseaux font les grandes rivières.

Hé! Coco! Piges-tu la lune qui se ballade! Ah! tu sais, zut pour la littérature!

HERMINE FALIZY.

Monsieur,

Comme vous l'avez si bien dit dans votre programme, la beauté n'est rien, tout dépend de la manière de s'en servir. Ainsi moi, à première vue, je ne suis peut-être pas ce qui s'appelle jolie — je suis pire. Mes cheveux dorés — mettez rouges si vous voulez — mesurent 1^m,20 de longueur, et le matin, au réveil, j'ai un chiffonnage floconneux du plus agréable effet. Mes sourcils sont peut-être un peu élevés au-dessus des yeux, mais cela me donne un air étonné qui plaît et en tout cas inspire confiance. Ma peau a le grain satiné des rousses, c'est tout dire, avec un imperceptible duvet fauve qui est — à ce qu'on m'a prouvé — capiteux en diable. Taille moyenne et plutôt grande, poitrine peu volumineuse mais bien en place, une de ces poitrines qui résistent aux plus folles fantaisies sans déchoir. Ventre plat, jambe mince et longue ; comme disent les artistes, je suis *haute sur pattes,* ce qui me permet de me promener dans le plus simple appareil en restant svelte et gracieuse. Les mains sont bien, quoique peu maigres. Pour le reste, on dit que j'ai l'œil vif, la parole preste et la langue bien pendue.

Le commissaire que vous m'enverrez me trouvera toujours de cinq à sept. Prière de le choisir jeune, blond, mince, et autant que possible dans l'armée française. ALTESSE.

—

Monsieur,

Ze vous dirai d'abord que ze trouve votre concours impertinent. Est-ce que z'ai le temps de vous prouver pas écrit une chose que tant de gens me prouvent chaque jour autrement, et si ze n'étais pas la plus belle, est-ce que vous vous figurez que c'est par mon intelligence...

Mais ze réfléchis qu'après tout, si vous m'accordez le prix, ce dont ze ne doute pas, cela me permettra d'élever les miens et ze m'exécute avec cette docilité touchante qui est un de mes charmes.

Ze suis très grande, de haute mine, on voit que ze suis de noble origine. Z'ai le profil régulier, le nez aquilin, de beaux yeux noirs expressifs et doux, et les cheveux de la nuance à la mode. Z'étais aussi bien brune, mais mon coiffeur... ze ne sais rien lui refuser. Z'ai les épaules tombantes avec le collier de Vénus, les bras magnifiques et des mains de patricienne; z'ai quarante-neuf de tour de taille, et le comte mon noble époux prétendait que la ligne de mes hanches à la cheville rappelait les chefs-d'œuvre d'Ingres. Ma jambe est comme celle d'Océana avec moins de largeur de cuisse, et tout cela pas fatigué du tout, ze vous assure. Et cependant on pourrait l'être à moins, car z'ai un défaut, c'est d'être toujours trop bonne et de m'exécuter avec trop de facilité.

Ze vous dirai encore... Mais pardon, on sonne; c'est comme cela toute la journée. Vous voyez bien que c'est une preuve. Venez donc me voir. Z'y suis toujours.

Comtesse LAPINSKA.

Monsieur,

M'avez-vous vu tirer? M'avez-vous vu faire le mur? M'avez-vous vu riposter par le contre de quarte, m'avez-vous vu en position, la main haute, la poitrine aussi effacée... que possible, le poignet en ligne, l'......arrière-train bien à sa place? Si oui, avouez que vous n'avez jamais vu des proportions aussi parfaites, des cuisses plus rondes, des jarrets plus solides. Tout en marbre. La régénération par le travail au lieu du ramollissement par l'amour. Et cependant... enfin il y a temps pour tout.

Quand j'enlève mon masque, je montre une tête intelligente, une bouche grande mais bien meublée, un teint rose, des joues fermes, un cou admirablement attaché, et un œil qui dit, qui dit!...

Au fait, si vous ne craignez pas un coup de bouton, venez donc un peu plastronner.

En trois. Nous verrons qui aura la belle?

Hé! hé! Si vous êtes malin, ce sera peut-être vous.

CLAUDINE SAMET.

—

Monsieur Richard O'Monroy,

Vous comprenez bien que, si l'on m'a donné jadis le rôle de Cupidon dans *Orphée aux En-*

fers, ce n'était pas pour des prunes. Et je ne prononçais pas Kioupidone, moi, je disais Cupidon avec un petit mouvement de langue et en appuyant sur chaque syllabe, et je faisais courir des frissons voluptueux dans toute la salle. Ma tête est ronde, bien attachée et ornée de petits cheveux frisés à reflets fauves. Mes yeux bleus sont presque trop grands et bordés d'immenses cils noirs. Avec deux yeux comme cela et une paire de boucles d'oreilles en saphir dans une avant-scène, il n'y a plus besoin d'éclairer la salle; je suis de taille moyenne, mais ronde et potelée comme une petite caille, ma peau est satinée, et j'ai un joli signe... comme la Marguerite du *Petit Faust*.

Pour ma poitrine, on a fait courir toute sorte de bruits calomnieux. Il est évident que les années où il y a des pommes ne peuvent ressembler aux années où il n'y a pas de pommes, mais cependant c'est fort honorable.

J'aime la valse à trois temps, les truffes sous la serviette, les chapeaux roses, la peinture moderne les mirlitons et le vin de Champagne mêlé de bordeaux.

Je n'aime pas tout ce qui est ennuyeux, les amoureux timides, les scènes de jalousie, les femmes laides et les hommes bêtes.

Je vous dirais bien de venir, mais je suis

toujours si fatiguée... ce n'est pas ma faute. Enfin, venez tout de même. Au sujet des pommes, je voudrais bien vous voir porter le jugement de Pâris.

MARY FABERT.

Monsieur,

Je tiens absolument à ce que vous veniez me voir le plus tôt possible, parce qu'il vous serait difficile de me juger en voiture ou marchant à pied avenue du Bois-de-Boulogne. Vous me trouveriez gracieuse sans doute, mise très simplement avec un petit chic anglais qui est bien à moi ; vous diriez que je salue bien et que je marche admirablement, ce qui prouve déjà une grande proportion de membres et une grande souplesse dans les attaches. Mais tout cela n'est rien, et je comprends que, pour obtenir le prix, il vous faut plus. C'est ce plus que je désirerais vous montrer dans l'intimité. Cette chevelure qui ne dit rien, enserrée dans le devonshire produit, déroulée, des ondulations folles qui descendent en cascades jusqu'aux jarrets. Mon teint, pâle d'ordinaire, prend tout à coup des lueurs roses comme un globe transparent éclairé par une lumière intérieure ; mes yeux deviennent brillants, mes lèvres humides. Saviez-vous que je ne portais jamais de corset? Non.

Vous voyez bien qu'il faut que vous veniez me voir. Je ne puis vraiment pas tout vous dire par lettre,... et votre imagination, si vagabonde qu'elle soit, n'atteindra jamais les splendeurs et les éblouissements de la réalité.

Je demanderais seulement à être prévenue d'avance, parce que lundi je vais à Saumur, mercredi à Lunéville, jeudi au camp de Châlons et samedi à Sathonay.

Voulez-vous vendredi — entre Châlons et Sathonay ?

AURORE DE FRAUSE.

Monsieur,

M'avez-vous jamais rencontrée au bois dans mon huit-ressorts ? Avez-vous constaté la dilatation de ma rétine ? Cette dilatation est tellement extraordinaire, que, même au repos, même dans mes moments les plus calmes, j'ai l'air de désirer ardemment des choses folles.

Voici ce qui m'arrive à chaque instant. Je salue un monsieur dont je me soucie comme d'une guigne, avec mon salut en tire-bouchon, et ma rétine dilatée, et le lendemain... crac, je reçois une déclaration du monsieur qui m'écrit : « J'ai bien vu que vous m'aimiez ! »

Voulez-vous d'autres détails ? heu ! heu ! On prétend que je m'habille trop en garçon. Je sais bien être femme aussi quand je veux, allez, et la meilleure preuve c'est mon succès sur la grande famille Boisonfort. Le fils, le père, l'oncle, une véritable procession. On m'a appelé le phylloxera de la famille... et cependant s'il ne restait pas de feuilles de vigne, je serais la première à en être désolée. Je suis rarement chez moi, et, quand j'y suis, je prends des leçons de diction avec M. Talbot, mais passez donc un matin à la Potinière, vers onze heures. Nous redescendrons à pied l'avenue de l'Impératrice, et si moi et ma rétine nous ne vous avons pas ensorcelé avant l'avenue Malakoff, je consens à renoncer au prix.

Adieu, vous !

LAURE SCHEYMAN.

Monsieur,

Y a-t-il des militaires dans votre jury, parce que, vous savez, je n'admets que le jugement des militaires. Pendant les deux années que j'ai passées à Saumur, on m'appelait le grand cheval de sang. Je ne suis pas ce qui s'appelle jolie, mais j'ai un chien endiablé, des cheveux blonds à reflets d'or bruni, un corps souple, serpentin, flexible comme une liane dont on peut faire absolument ce qu'on veut. Malgré les conseils des bonnes amies, je ne porte jamais de corset et je m'en trouve bien. Je monte à cheval comme une centauresse, et aborde l'obstacle avec sang-froid. Je suis ce qu'on appelle la fausse maigre, j'ai l'assiette un peu trop rebondie, mais il y a des gens qui aiment cela.

Je suis très gaie, très bon garçon, très spirituelle, et j'ai fait le bonheur des exilés de province ; mais, sous ces apparences folâtres, je serais incapable de suivre l'exemple de Blanche qui s'était donnée à son tapissier pour des cordons de tirage.

Ceci n'est pas pour vous décourager, mais, j'aime mieux vous le dire d'avance, si vous n'êtes pas militaire, cela ne bichera pas.

L. DE FORNAY.

Monsieur,

Ah ! comme vous avez raison ! La beauté n'est rien et tout dépend de la manière de s'en servir. Ainsi moi, n'est-ce pas, à première vue, avec mon diable de nez trop court, et mes narines ouvertes, on ne me prendra jamais pour la Vénus de Médicis ; mais mes yeux bleus pétillent de malice et de bien d'autres choses encore, et j'ai une certaine façon de tirer la langue entre deux rangées de perles... je ne puis pas vous expliquer cela par écrit, mais, dans une avant-scène de théâtre, j'ai souvent — rien que par ce petit manège — bien plus de succès que les régulièrement jolies. Mes épaules sont potelées et ornées du collier de Vénus; or vous savez — je parie que vous savez — qu'il n'y a que les cous absolument ronds qui ont droit à cet ornement. Je suis de taille moyenne, admirablement faite et potelée comme une petite caille. Quand à s'habiller, je crois que j'ai le pompon, même de l'avis des petites camarades. Connaissez-vous ma robe de gaze chaudron; connaissez-vous ma robe de velours ottoman garnie de perles métalliques? Non? Ah ça, vous ne connaissez donc rien, mon pauvre Monsieur? Venez donc me voir dans mon nouvel appartement. C'est moins haut et bien plus gentil que rue Tronchet. Nous causerons entre deux robes... Tout dépend de la manière de s'en servir.

REINE RUSSIANI.

Par télégraphe.

Monsieur,

Très peu de temps, très occupée, yeux noirs longs, langoureux, quand je veux, cheveux immenses, suis restée brune exprès, pour me singulariser. Grande, mince, poitrine petite, mais bien en place, 46 de tour de taille. N'aime pas les facéties ni les bagatelles de la porte. La bonne loi naturelle tout de suite. Beaucoup de succès au cercle des Mirlitons dans la pièce : *C'est pour* ce soir. Faisais une invitée. On m'avait recommandé de ne pas mettre mes diamants. Les ai mis tous, aussi, un succès ! Pas le temps d'en dire plus. Télégraphiez Monte-Carlo. Nous jouerons l'intermittence. Rouge ou noir. A votre choix.

ÉDITH LIDMER.

Monsieur,

Je ne vous parlerai pas de moi, mais je donnerais tout au monde pour que Léonide Leblanc ait le prix. Elle est si jolie, si charmante, si capiteuse. Je vendrais au besoin tous mes bibelots. L'avez-vous vue dans *Henriette Maréchal* ? Il y a de quoi devenir folle. Vous allez dire que je le suis. Est-ce que je suis ? Dites-moi ce qu'il faut faire, je vous en supplie à deux genoux.

ÉVA MONZALÈS.

Monsieur,

Malgré mon luxe d'attelage, mes buggys, mes spidders et mes landaus (!) je suis encore peu connue. Dame, j'appartiens au nouveau contingent, et n'ai pas eu encore le temps de me rendre célèbre comme mes devancières. D'ailleurs les procédés ne sont pas les mêmes. Mesdemoiselles nos ancêtres sacrifiaient tout au désir de paraître, donnaient des dîners, des réceptions, des bals, des soupers auxquelles elles invitaient tout Paris. Nous avons changé tout cela. Toutes les fois que nous avons vingt-cinq louis, il y a des jours où cela nous arrive plusieurs fois, nous les plaçons dans un petit tiroir, et toutes les fois qu'il y a deux cents louis dans le petit tiroir, nous achetons du bon quatre et demi. Cela vaut encore mieux que de finir comme la Perle, pas vrai.

A trente-cinq ans, je ferai ma vente et me retirerai à Courbevoie, où l'on vit pour rien. Voilà.

Un dernier mot. Je suis arrivée à l'âge heureux de vingt-deux ans, et le lapin m'est inconnu. C'est gentil, mais je n'étais pas fâchée de vous prévenir, en passant.

LUCETTE LARRAS.

Monsieur,

Est-ce que les femmes mariées peuvent concourir aussi? Pourquoi pas, après tout? Cela m'ennuie qu'on ne parle plus de moi. Que voulez-vous? Il dressait si bien les chevaux. C'est ce qui m'a séduit. Maintenant, je vis en popote, en petite bourgeoise, mais j'ai toujours ma tête ultra-parisienne, comme disait Meilhac, mes yeux bleu faïence ombragés de longs cils noirs — et si mes costumes sont simples — (ah! dame, il a fallu rogner le budget) la taille est restée charmante, et ma main à fossettes est toujours celle que vous aimez tant à baiser.

Ah! une chose qui vous fera plaisir. J'ai renvoyé Constance, la grosse Constance, vous savez, la femme de chambre qui mentait si bien. Elle n'avait plus sa raison d'être, pas plus que ma devise « Tribord d'abord », mais un petit prix en souvenir du passé ferait quand même plaisir à mon mari. On a son amour-propre.

LÉONTINE TRIBORD.

—

Monsieur le rédacteur,

Je suis brune, j'ai le teint mat, la bouche petite, les lèvres pourpres avec un peu d'ombre dans les coins, ce qui me donne l'air de sourire, même au repos. J'ai en marchant un balancement des plus voluptueux, et je ne sais pourquoi on m'a souvent dit que mon buste n'était jamais au-dessus de mes jambes. On me confond à chaque instant avec mon homonyme de la Comédie-Française. Je suis bien plus jolie qu'elle, allez! D'abord moi je dompte des chèvres et des éléphants, tandis qu'elle n'a jamais dompté que le répertoire.

Maintenant, entre nous, je vous dirai que cette espèce de timidité gauche que j'affecte est un petit truc à moi. On a tout de suite envie de me rassurer, alors moi je ne me livre pas du premier coup. Après avoir d'abord caché ma jolie tête derrière mon bras comme un oiseau sous son aile, je me laisse apprivoiser graduellement, je reparais riant aux anges. Je ne me donne pas, mais je me laisse prendre. Cette leçon vaut bien un fromage, et même le prix par-dessus le marché.

JEANNE LEBARSY.

Monsieur le Directeur,

Vous rappelez-vous le beau buste de marbre qui eut tant de succès à l'exposition, il y a deux ans. Il y avait là une gorge qu'on voulut bien trouver merveilleuse et la plaisanterie de l'époque consistait à l'embrasser en passant — juste au *bi du bout du banc*. On faisait des paris : l'embrassera ! l'embrassera pas. Et l'on embrassait. Cela vaut encore mieux que rien du tout, pourtant, et cela leur donnait l'illusion à ces pauvres — une illusion froide.

Eh bien entre nous (s'il n'était pas question d'un concours sérieux, croyez-bien que je ne dévoilerais pas le secret professionnel), la réalité est encore mieux que le buste. C'est d'autant plus remarquable que je ne me ménage pas, et je n'ai pas accroché chez moi l'écriteau de certains musées : « Regardez, mais ne touchez pas. » Vous pouvez me donner un jury composé même d'aveugles. Pour peu qu'ils aient des yeux au bout des doigts, je parie, moi aussi, qu'ils me donneront le prix.

BLANCHE DE NAVARRE.

2º Série.

LETTRES D'ARTISTES

Monsieur,

Qu'est-ce que la beauté, sinon l'art de troubler? Moi, je trouble. Mes yeux prennent à volonté toutes les nuances de la mer profonde, les ailes de mon nez palpitent, ma bouche légèrement entr'ouverte laisse apercevoir mes dents de jeune loup et esquisse un sourire tellement énigmatique que les imbéciles y comprennent quelque chose, mais que les malins n'y comprennent rien.

Mes cheveux dorés et crespelés se dressent vers le ciel en spirales imprévues, tandis que ma voix d'or murmure sur un rythme musical et monocorde des phrases harmonieuses comme un chant d'oiseau et mystérieuses comme une ballade de Richepin.

Quant au corps, pourquoi parler de lui? C'est un sylphe, quelque chose d'éthéré et de flottant qui s'enroule, se déroule, se tord sans lignes précises et sans formes bien accusées. Il a tout le charme du rêve et tout le *flou* d'un paysage de Corot. Où sont mes jambes? Je l'ignore. Où sont mes bras? Je ne l'ai jamais bien su. Où est mon torse? Peut-être ici, peut-être là? Qu'importe? On en n'est que plus troublé, et je sens voler vers moi les désirs des poètes, des maréchaux de France et des petits collégiens.

Je veux le prix de beauté. Je l'exige ! Si vous ne me le donnez pas, vous ne savez pas de quoi je suis capable. Je viens exécuter une crise de nerfs géniale dans vos bureaux, je me roulerai sur les tapis, je déchirerai les rideaux et je ferai sauter le mobilier à la dynamite. Je ne suis plus à regarder à une bruyante folie de plus ou de moins.

Je l'aurai, dites, Monsieur, le prix ! Je l'aurai? Regardez comme je suis serpentine et câline en demandant cela. Oui ? Merci, chéri ! Deux coups de bec et un coup d'aile.

DORA RIFLHARDT.

—

Cher Monsieur,

A quoi bon vous dire que je suis belle? C'est passé à l'état de cliché. On dit la belle Marie Régnier, comme on dit « le jeune et sympathique directeur » en parlant de Foning. Où trouverez-vous un profil plus régulier, des yeux plus grands, plus bleus et plus beaux avec la paupière lourde, la bouche plus voluptueuse surmontée du signe nécessaire ? Mon visage aristocratique serait presque trop régulier s'il n'était pas éclairé par ma gaieté inaltérable et mes éclats de rire stridents. Et ma taille ? Et mes hanches ? Et ma démarche ? Non, là franchement, qu'est-ce que vous dites de tout cela. Voyez l'objet et inclinez-vous humblement devant ce chef-d'œuvre du créateur.

Au reste, je vous tiens un pari, pas un pari de course, mais un pari simple : je vous mets au défi de ne pas me donner le prix de beauté. Vous seriez, en cas contraire, l'objet de la risée publique, et vos lecteurs — gens de goût, — me le décerneraient d'acclamation.

Et voilà, cher Monsieur, tout ce que j'avais à vous dire.

MARIE RÉGNIER.

Monsieur,

Maman m'a faite mignonne afin de mieux me soigner dans tous mes petits détails. Je suis petite, mais si bien proportionnée ! Mon visage est d'une régularité exquise, avec un caractère virginal que je souligne encore par des bandeaux tout plats à la vierge. Alors vous comprenez...., l'on éprouve une véritable surprise. De même pour les yeux, j'ai les cils très longs; lorsque les paupières sont baissées, cela fait sur les joues une ombre des plus pudiques. Puis, lorsque je lève les yeux et que je regarde bien en face, une véritable illumination qui permet de voir une seconde le fond de mon âme, et c'est joliment intéressant, allez, le fond de mon âme! M'avez-vous aperçue aux Mirlitons, lorsqu'au deuxième acte, je remplaçais mademoiselle Reichemberg dans le rôle de la commère. Quand j'ai fait mon entrée avec ma jupe Louis XV, mon corsage rose, mon chapeau tout garni de roses et ma grande canne, ah Monsieur!... si vous étiez parmi les spectateurs, c'est-à-dire parmi les ensorcelés, je suis bien tranquille.

FLEUR DES POIS.

De qui, de quoi! Des prix de beauté? Non, laissez-moi me tordre un peu, et, lorsque vous m'aurez vue me tordant, avec mon rire gouailleur et communicatif, vous vous tordrez également et vous m'accorderez le prix de gaieté. D'ailleurs, pas de pose, vous savez, moi je suis tout à la coule pour ce qui ne touche pas à mon art et à ma boîte; mais, par exemple, le théâtre, c'est sacré. Je suis enfant de la balle, et il ne faut pas blaguer ça! Quant à ma petite personne, si vous tenez absolument à ce que je vous en parle, je vous dirai que j'ai une frimousse éveillée et drôlette, de belles dents, des yeux noirs, la peau très blanche et...., ceci tout à fait entre nous, des jambes superbes.

Faudra-t-il me faire friser au petit fer pour le jour de la distribution des prix? Faudra-t-il embrasser un vieux monsieur sur l'estrade? Non, vous savez, dites-le tout de suite, parce que, dans ce cas, je préférerais ne pas concourir.

J'aime pas bien à embrasser les vieux. L'âge ingrat!

Bonjour le Monsieur!

GABRIELLE MÉJANE.

Monsieur,

François Ier avait coutume de dire, avec cette grâce chevaleresque et bien française dont il avait le secret, qu'une réunion sans femmes, c'est un printemps sans fleurs. Marguerite de Valois, qui parlait mieux que femme de son temps, aurait à elle seule suffi pour justifier cette façon de voir. Mais, par femme, il entendait la jolie femme, la femme intelligente, séduisante, désirable, ayant la beauté bonne, le regard affectueux, la main douce, une de ces mains potelées et à ongles roses faites pour chasser d'une caresse les chagrins des fronts soucieux. Je trouve qu'une femme a mauvaise grâce à venir parler d'elle et faire parade d'attraits qui doivent vaincre sans qu'on ait besoin de plaider leur cause. Cependant, parmi la foule des compliments absurdes dont on m'a souvent ennuyée au foyer de la Comédie-Française, deux choses m'ont fait plaisir :

On m'a dit que j'étais blanche comme du lait;

On m'a dit que j'avais l'air d'une duchesse de la Régence;

On m'a dit aussi....

Non, décidément, j'aime mieux me taire. Devinez si vous osez, et... osez, si vous devinez.

GABRIELLE KOLLER.

Moussu Richard, voulez-vous jouer avec moà. — Miousique. — Hou! hou! hou! N'est-ce pas que je porte bien le costume de clown. Il faut bien essayer un peu de tout, n'est-ce pas? Tantôt je monte en ballon, tantôt je chante la Marguerite de *Faust* (le petit), tantôt j'expose des Soudanais. Ah, j'y suis! Vous trouvez que je sors de la question, vous voulez que je vous parle de ma fatale beauté? Hé! hé! Vous ne vous embêtez pas. Comme je chantais au concert Parisien.

Tu t'en ferais fêler le saladier!

Voyez quel chic elle a, la belle Paméla ! Profil accentué, cheveux superbes, taille de guêpe, épaules merveilleuses, aplomb endiablé, torse permettant d'essayer les modes les plus bizarres et les costumes les plus invraisemblables, jambe supportant le maillot noir avec bande de papillons brodés : le moins avantageux des maillots ! Main petite, mais assez grande pour porter le cœur sur la main. Avec cela du bagou, du chien, de la morbidezza, servez le tout dans un cadre oriental avec coussins turcs et vous m'en direz des nouvelles. Allez la musique !

LÉA CASKO.

P. S. — Bing ! Je pars pour Tombouctou. Je vous ramènerai un petit rhinocéros de deux mois.

—

Monsieur, petit Monsieur, gentil petit Monsieur,

Avant de commencer ma lettre, vous allez me jurer, en me regardant bien en face, que vous serez partial. Je ne veux pas la lutte. Vous savez bien que je ne sais pas lutter ; je veux que, par un entraînement bien doux, bien cordial, bien attendri, vous disiez que je suis adorable. Je mettrai mon corsage bébé, celui décolleté en carré qui me fait des épaules si rondes. Le haut du corps penché en avant, la tête légèrement inclinée à gauche, je vous ferai une belle risette en plissant un peu la lèvre en forme de petit pointu ; et puis, je lèverai un bras en l'air, un bras tout potelé avec des fossettes ; et puis, avec mon petit doigt, je ferai : « Pst ! pst ! pst ! »

Ah ! par exemple, cousine restera là tout le temps, sans cela, j'aurais trop peur de vous. Oh ! oui, grand'peur ! Vous avez l'air si méchant.

Non, ce n'est pas vrai. Vous êtes gentil tout plein ! Tenez, je vous envoie un baiser ! avec la main, comme ça !

LOUISE KHEO.

—

Monsieur,

Vous savez que je suis très intimidée à l'idée de venir vous parler de ma petite personne. Il s'agit d'un concours de *beauté*. C'est effrayant. S'il s'agissait d'un concours de grâce, de gentillesse, de séduction, de charme éthéré — notez bien que ce n'est qu'une supposition — mais enfin j'oserais peut-être me risquer. Mes collègues du cercle des Mirlitons ont beaucoup de sympathie pour moi et trouvent que j'ai le profil fin et délicat, le cou rond, la nuque bien attachée, la taille bien proportionnée, ni trop grande, ni trop petite, des mains de patricienne et des pieds de duchesse. C'est eux qui prétendent tout cela, mais au fond, voulez-vous que je vous dise la cause de mon succès ? J'ai l'air absolument chaste, pudique et réservé, une tête de madone et de Gretchen ; eh bien ! malgré cela, je suis si bonne camarade, que j'admets très bien les plaisanteries, même un peu... lestes. Alors on se dit : « Tiens ! tiens ! Suzette a laissé dire cela ! Suzette a ri de cette énormité ! » Alors on est surpris, et un peu attendri. Au fond, ce n'est pas à moi à en tirer des conclusions, mais tout le monde m'adore.

Vous aussi, n'est-ce pas ? Avouez-le donc ! Je permets.

SUZETTE LICHTEMBERG.

Monsieur,

D'abord, aimez-vous les beautés espagnoles ? Je vois votre tête au moment où je vous demande cela. Hi ! hi ! hi ! Il est évident que si vous n'appréciez pas les cheveux noir bleu ; les teints pâles, les soupçons de favoris, les lèvres pourpres, je vous plaindrai de tout mon cœur, mais cela ne bichera pas. Et pourtant, si vous m'aviez vue dans mon costume écossais de présidente des *Rieuses !* Voilà une tenue propice aux devoirs d'une « écossaise hospitalité » !

Petit bonnet à aigrette coquettement posé sur l'oreille, plaid attaché sur l'épaule avec une grosse turquoise et dégageant le bras tout entier. Chaussettes quadrillées cachant à peine la moitié du mollet et laissant voir la jambe nue jusqu'au moment où elle disparaît sous les plis d'un jupon suffisamment court. Hi! hi! hi! Vous voudriez bien voir.

Cinquante centimes d'amende pour avoir manqué de respect à la présidente. Ce sera pour la cagnotte de notre bal. Si vous me donnez le prix, je vous ferai inviter, et nous danserons ensemble la première valse... en jupon écossais!...

JULIA DE MONTLHÉRY.

Monsieur le Juge,

Je veux bien concourir, mais à une condition, c'est que cela ne me donnera pas de mal et que je pourrai rester calme, tranquille et souriante. Avant tout, je ne veux pas m'agiter. Cela fait maigrir et toute ma grâce réside dans mes fossettes. Voyez-vous, Monsieur, vous ne pouvez pas vous imaginer comme je suis potelée! Les épaules la poitrine, les bras...

J'ai même pris l'habitude de croiser mes mains en avant en laissant tomber mes bras, et je parle comme cela, sans faire de gestes, et sans décroiser les mains. C'est très gentil.

Dans le même but, je porte, autant que possible,

des costumes courts. On ne peut pas toujours ; ça dépend des rôles, mais les auteurs qui me connaissent bien écrivent aussi des rôles pour mes jambes.

Et puis maintenant, je n'ajouterai plus rien. Vous me donnerez le prix si vous voulez, mais pour moi, c'est fini. Je ne m'en occupe plus. Bonjour, Monsieur.

J. BONMAINE.

—

Monsieur,

C'était par une belle soirée d'automne. L'Odéon était désert et je jouais Agrippine. Je me promenais sombre et farouche, les sourcils froncés, la bouche amère et les cheveux crespelés. Je faisais de grands pas solennels, arpentant la vaste scène, tandis que mon bras décrivait dans les airs des spirales appropriées aux vers de Racine. Dans la salle, il y avait un spectateur coiffé d'une calotte de velours et écoutant la pièce avec conscience comme s'il cherchait la scène à faire. Cet homme, ai-je besoin de le dire, était M. Francisque Sarcey. Au moment où Néron criait :

Gardes, qu'on obéisse aux ordres de ma mère.

Il a mis sur son nez consciencieux une troisième paire de lunettes, il m'a regardée longuement et s'est tout à coup écrié : « Bravo ! Elle est belle de la beauté tragique. »

Francisque a parlé.

Je réclame le prix de la beauté tragique.

M. LESSANDIER.

—

Et d'abord, mon petit père, pourquoi est-ce que je ne concourrais pas ? On m'a dit, quand je ne chantais pas, que j'avais une tête romaine. Parole ! J'ai du profil, et quant au torse, hein, tu le connais ! La statue de la ville de Marseille sur la place de la Concorde a l'air d'une puce à coté de moi. Tu sais quand je chantais :

> C'est le lait mamilla
> Qu'a mis dans c'état-là
> La petite Atala !

Cristi ! On m'entendait jusqu'au rond-point. Ah ! dame j'ai du creux. Farceur, tu vas dire que j'ai plutôt le contraire, mais tu peux remarquer que je suis très bien proportionnée, que, pour mon corps j'ai de petites mains, de petits pieds, et, quant à mon mollet... nous ne sommes pas à la foire de Neuilly. Si tu me fais avoir le prix, je te regarderai tous les soirs en chantant :

> Ah ! Elle a mis dans le tonneau
> Brigue dondaine. Quelle veine !
> Ah ! Elle a mis dans le tonneau
> C'est Titine qu'a gagné le pot !

Le pot, ce sera le prix. Ouvre l'œil.

ÉLISE LAURE.

Monsieur,

Il faudrait avoir une haute dose de fatuité féminine pour venir vous détailler mes charmes comme une femme futile et vaine, attachant une importance quelconque à ces biens périssables. Vous me diriez : « Tarte à la crême ! » et j'admirerais là, Monsieur, ce jugement marqué au coin d'une saine maturité. J'estime — et en cela, je crois être d'accord avec les conclusions de notre finalité imminente — que la beauté n'est qu'une résultante de l'harmonie complète existant entre les besoins matériels et les aspirations immatérielles. C'est un miroir qui réfléchit les rayons de cette âme qui se souvient du ciel, et qui gémit dans son étroite prison. Si la vision réfléchie est gracieuse et sereine, c'est que l'âme est honnête est pure. J'ai dit, avec cette simplicité qui est le fond même de ma nature, et j'espère, Monsieur, que nous nous sommes compris.

ÉMILIE MOIZAT.

Monsieur,

Évidemment je suis un peu grande, mais si vous saviez comme cela fait bien aller les costumes de chez Ringa. Cela me permet les étoffes anciennes et lourdes, les velours frappés, les gros paletots de loutre cambrés et dessinant la taille. Il n'y a pas de danger que cela m'engonce ! J'ai une très jolie tournure, ce qui prouve, vous le savez, l'exacte proportion des jambes avec le buste; vous n'avez qu'à me regarder marcher à pied dans l'allée des Acacias, je suis sûre que cette démarche rythmée, élégante, ces façons sobres et correctes de femme comme il faut vous plaisent absolument. Les modistes disent que j'ai une tête à chapeau. Le fait est que tout me va, mais j'ai un faible pour les capotes roses.

Je m'y connais très bien en chevaux, ce qui n'est pas non plus à dédaigner, et le critique le plus méticuleux ne pourrait rien trouver à redire à mon huit-ressorts. La coupe de la voiture, la bonne tournure des hommes en livrée verte, la beauté des chevaux, la finesse du cuir des harnais, les chaînes d'attelage constituent un ensemble sobre de détails, mais harmonieux à l'œil et ayant véritablement grand air.

Ah ! j'ai un défaut: je suis très joueuse aux courses, mais je gagne en général et le gain va très bien à mon genre de beauté.

Je vous salue, Monsieur, en espérant que vous ne me ferez jamais la cour. C'est si ennuyeux !

LOUISE LERET.

—

Monsieur,

N'est-ce pas que j'ai un type avec mon teint mat, mes cheveux noir bleu, mes yeux cerclés de bistre et plus grands que nature, et mon air un peu égaré ? Cet air-là me rend tout à fait *drôlette*, et d'ailleurs mes incohérences sont tempérées par la sagesse de ma sœur la blonde. Elle m'est très utile, ma sœur la blonde. D'abord, elle est très intelligente et puis pas mal faite du tout, je vous assure. Je sais bien qu'il y a ce diable de pince-nez... mais, à part cela, elle est charmante. Je ne vous dis pas cela pour faire l'article, cependant il est bien évident qu'il y a du plaisir à se trouver en compagnie de deux femmes bien élevées. Or, nous avons été très bien élevées, et nous ne nous quittons jamais, si bien qu'avec nous, les heures paraissent des secondes, grâce à notre conversation enjouée. Dans le cas où vous voudriez être le plus heureux des trois, écrivez à ma sœur. C'est elle qui arrange lss entrevues de gré à gré.

J. MEGRAY

Monsieur,

Je suis Bourguignonne. Aimez-vous les Bourguignonnes? Ce pays jouit d'une bonne réputation... et moi aussi. Mes yeux bleu faïence font contraste avec mes cheveux noirs que je porte tout bonnement à la chinoise. Il faut avoir un joli front pour se payer cela, mais j'ai les cinq pointes. Ma taille... Parbleu vous m'avez vue en amazone. Toujours au petit galop. Quand j'étais enfant à la campagne, je sautais sur les chevaux à poil, et je les domptais. J'ai conservé les mêmes habitudes. Qu'est-ce que vous dites de mon amazone marron sans ceinture? N'est-ce pas quelle va bien, et qu'elle plaque aux bons endroits. Vous allez me dire qu'ils sont tous bons. Ah ! farceur de pompier !

Pardon de ma familiarité, mais je ne suis pas à la pose. Dites donc, vous me donnerez le prix. Regardez-moi quand je fais risette. Je vous défie de me regarder sans m'embrasser d'abord, et me donner le prix ensuite.

GLADIE ROUDIER.

Monsieur,

J'ai une prétention justifiée, celle d'être la femme qui reçoit le mieux de Paris. Soit à la ville, soit dans ma propriété du Blaisois, qu'il s'agisse d'un dîner ou d'un grand bal, soyez certain que le menu sera exquis, l'orchestre excellent, les invitées jolies, et les hommes spirituels. Je suis de taille moyenne, potelée comme une caille, et j'ai le visage avenant, tellement avenant que l'on s'y trompe et que l'on croit qu'il n'y a qu'à se présenter pour vaincre. Dites bien vite que c'est une erreur. J'ai là-dessus des idées absolument arrêtées. Je ne mange pas des plats inconnus, et je déguste longuement avant de me décider.

Ah, dame, quand je me suis décidée, je rattrape le temps perdu... et je ne suis jamais si fraîche et si jolie que dans ces moments-là.

Vous allez dire que je suis décourageante. Pas du tout. Seulement je n'aime pas les gens trop pressés. Venez donc à mes mardis soir.

Mes deux mains.

MARGUERITE DE FAUMEDON.

Monsieur,
La taille, la taille, il n'y a que ça.
Tant que la terre tournera.
Il n'y aura que ça!

FÉLICIE LARMIER.

Monsieur,
J'ai pourtant un joli nom qui vous a un petit air croisade des plus *urfs*, et cependant on m'ap-

pelle l'*Anguille*. Mademoiselle l'Anguille ! Ils sont bêtes, ces hommes ! Il est vrai que je pétille bien, et c'est peut-être pour cela. Je demeure à Passy, c'est un peu loin, mais c'est Delphine qui m'a persuadé qu'on avait plus d'air. La maison est très tranquille... quand Delphine n'y est pas. Quand elle y est, c'est très gai ; on m'a déjà donné congé trois fois. Vous voulez que je vous décrive mon portrait. A quoi bon, vous ne connaissez que moi. Vous ne vous rappelez pas... Après cela je me trompe peut-être. Au bout de quelque temps je m'embrouille. En tout cas, si vous me donnez le prix, pas d'*Anguille*, n'est-ce pas ? mon vrai nom,

BLANCHE DE LERNY.

Monsieur,

Je ne saurais trouver une définition plus exacte de ma petite personne que celle inscrite un jour par un charmant garçon au bas d'une de mes photographies: *Un Greuze retouché par Grévin*. M'avez-vous parfois rencontrée au bois? Mes yeux s'amusent avec l'admirateur comme le chat avec la souris; tantôt ils vous reconnaissent, et tantôt ils ne vous reconnaissent pas. Ils vous piquent, ils vous lardent, ils vous transpercent d'indifférence voulue ou d'amour exagéré. Puis enfin quand je vois qu'on est bien exaspéré, je me décide, la bouche s'entrouvre laissant passer un éclat de rire frais et sonore comme une cascade de perles ; les yeux agressifs tout à l'heure deviennent eux-mêmes rieurs et bons, et la tête mignonne s'incline gracieusement dans l'angle le plus avantageux sans chiffonner les brides et sans déranger une mèche.

Est-ce qu'une science aussi exquise ne vaut pas le prix, dites, monsieur mon juge ?

CAMILLE LORRE.

Et j'ai lu tout cela avec conscience, avec émotion, avec attendrissement, et il m'a fallu décerner des prix avec impartialité !

Je passe au récit de la distribution solennelle.

LA DISTRIBUTION DES PRIX

Enfin il est donc arrivé, ce jour, où, le cœur remué par une joie profonde, nous avons pu distribuer notre grand prix de beauté. Quelles périphrases ailées, quelles métaphores lumineuses employer pour rendre le flamboiement de cette nouvelle cérémonie???..

Disons d'abord que nous avons trouvé auprès de nos édiles un accueil non moins aimable que celui fait à M. Arthur Mayer. Alors que le

Conseil municipal avait accordé au directeur du *Gaulois*, pelouse de la Muette, retraites aux flambeaux, fête foraine, bataille de fleurs, etc., à nous il accordait sans marchander la pelouse de Bagatelle, les tapisseries du Garde-Meubles, les lumières de M. Alphand, l'expérience de M. Livet, un escadron de la garde municipale à cheval, les vieilles charpentes de l'Arc de Triomphe, et onze bataillons scrophulaires (que nous avons refusés).

— Monsieur, avons nous dit au Président du Conseil municipal, jusqu'ici je ne vous avais pas pris pour un Michelin sérieux, je vois que je m'étais trompé.

Mais arrivons à la cérémonie. Sous un immense dais en peluche mousse et vieil or (ancien ciel de lit de mademoiselle Alice Noward), avait été dressée une estrade sur laquelle avait pris place votre serviteur accompagné de tout le jury du concours.

L'orchestre de l'Éden, conduit par M. Karolus lui-même, huché sur le dernier cheval du maréchal Prim, était rangé sur la face gauche de l'estrade et faisait entendre le pas d'*Excelsior* transposé en *mineur*, par M. Hervé, qui s'était déjà signalé par un travail semblable sur *la Marseillaise*.

A deux heures, vingt et un coups de canon

tirés par madame Sarah Bernhardt, annonçaient le commencement du défilé.

Premier groupe, dames artistes. — Ces dames de la Comédie-Française; derrière, madame Madeleine Brohan portant une bannière sur laquelle rayonnait dans un nimbe d'or le portrait de M. Mario Uchard à vingt ans.

Puis, ces dames de l'Opéra, chant et danse. Les chanteuses complètement masquées par la silhouette de madame Krauss. Les danseuses (étoiles, premiers sujets, coryphées et quadrilles) arborant une bannière rouge, dite de protestations, sur laquelle était écrit en lettres capitales : « Nous aimons mieux les chaussons aux pommes que les chaussons italiens. »

Deuxième groupe, scènes de genre. — Le personnel féminin complet du Gymnase, Vaudeville, Palais-Royal et Variétés, réuni en *orphéon indépendant*, sous le commandement de mademoiselle Mily-Meyer en tambour-major. La musique jouait un pas redoublé très enlevant sur cette romance populaire: « Les hommes, les hommes, il n'y a que cela. »

Troisième groupe, dit des Indépendantes. — Madame Élise Faure, suivie de quelques grosses dames des cafés-concerts brandissant un large drapeau vert sur lequel on lisait :

Albert! Albert!!!!!
Il ressemble à son père
Et son père à sa mère
Et sa mère à ma sœur.

Albert! Albert!!!!!
Il ressemble à ma sœur,
V'là pourquoi j'l'ai dans l'cœur!

Quatrième groupe. — Ces dames du demi-monde, dans un char enguirlandé, traîné par des lapins blancs.

Cinquième groupe. — Ces demoiselles du *Printemps*, du *Bon-Marché*, du *Tapis-Rouge* et du *Petit-Saint-Thomas* portant de vastes pancartes sur lesquelles étaient écrits les prix des dernières expositions d'été, ainsi que les devises : « On rend l'argent. — *E probitate Decus*. — Pas au coin du quai! » etc., etc.

Enfin, dans un désordre d'un heureux aspect, les citoyennes anarchistes et les libres penseuses de quelques arrondissements cramoisis, portant un brassard couleur de feu sur lequel était écrite la belle phrase de Daudet : « Pour mes fils, quand ils auront vingt francs! »

Tous ces divers groupes défilaient devant l'estrade, et chaque bannière saluait au passage au milieu d'applaudissements unanimes.

Grâce au manque absolu de mesures d'ordre, tout se passa dans une régularité parfaite.

A deux heures et demie, on intima l'ordre à

madame Sarah Bernhardt, qui ne voulait pas s'arrêter *(lassata non satiata)*, de cesser de tirer des coups de canon, et le président très-ému prit la parole en ces termes :

« Mesdames, Messieurs,

» Quand les païens élevaient des temples à l'inconnu en y mettant les images de la Force et de la Beauté, ils honoraient d'un culte immortel la force dans ce qu'elle a de plus troublant et de plus majestueux. (Bravo ! La phrase est de madame Adam. — Mais non ! — Je reconnais le style de Louise Michel !) Aujourd'hui, toutes les divinités sont tombées, toutes les royautés sont abolies, toutes les vieilles traditions sont parties à la dérive, mais, dans ces ruines, une croyance seule est restée intacte, la croyance en la beauté, la croyance en la femme ! Tel est aujourd'hui le *Credo* universel. (Longue acclamation. — Richepin ôte son colback pour embrasser Théodora.)

» Nous avons donc pensé à exalter ce culte, déjà si répandu, à lui donner le coup de fouet de l'émulation, afin que les prêtresses aient non seulement le rayonnement de l'apostolat, mais l'ardeur mystérieuse et troublante de la beauté reconnue qui impose et qui s'impose. Mesdames, notre concours de beauté sera la grande pensée du siècle. Nos juges, soigneusement choisis, ont été pleins de partialité, parce qu'ils étaient des hommes, mais aussi pleins de conscience, parce que... ce concours les intéressait. (Sourires discrets.) Les brevets de beauté que nous allons délivrer figureront en bonne place dans les papiers de famille. Ils seront un titre de gloire qui rejaillira sur les descendants, et serviront aux jeunes filles à contracter de belles unions libres, même à la dixième génération. Alors que tant de Français ont déjà oublié le nom de la vénérable reine Marie-Amélie, tous ont encore dans la mémoire le nom de la belle Gabrielle. Pourquoi ? Parce qu'elle était belle ! (Et Diane de Poitiers ! et Déjazet ! et madame Récamier ! et Océana ! N'embrouillez pas !)

» Mais je vois, à l'impatience avec laquelle vous agitez vos bannières, que vous attendez pantelantes (Oh ! oh !) les résultats du concours. Je m'arrête donc, et vais proclamer les noms des lauréates. Fanfare !! »

CONCOURS DE BEAUTÉ, ANNÉE 1886 (1)

Prix d'excellence. — Ce prix se compose

(1) Pour prouver la conscience avec laquelle nos prix ont été décernés, nous citerons, entre mille, ce rapport rédigé après visite domiciliaire faite par un de nos experts délégués.

RAPPORT D'UN DES EXPERTS DÉLÉGUÉS

Nous, expert délégué, désigné pour vérifier *de tactu* les

d'un superbe mail attelé, dit : *Mail d'amour*, et décoré d'une façon toute particulière.

assertions de madame Altesse, nous sommes rendu cejourd'hui 5 octobre 1886, et revêtu de nos insignes, en l'hôtel de la dame, boulevard Meissonnier.

Avons sonné, et parlant à une personne grassouillette attachée à son service et répondant au nom de Camille, avons monté un large escalier à double rampe conduisant au premier.

Là avons été introduit dans un boudoir somptueux, garni de tableaux militaires et d'éventails de valeur, boudoir tout imprégné d'un parfum indéfinissable..., mais capiteux en diable.

Au bout de quelques minutes d'attente — un siècle — avons vu entrer madame Altesse, elle-même, vêtue d'un peignoir bleu de ciel, garni de points d'Alençon, et les cheveux tombant sur les épaules.

Avons d'abord constaté par preuves à l'appui et signes indiscutables que les cheveux étaient naturellement rutilants, sans apprêt ni préparation d'aucune sorte, entièrement conformes comme couleur à la nuance dorée d'un léger duvet ombrant les bras et les jambes. Ils mesurent, mètre en main, 1ᵐ,50.

Avec ledit mètre, et sans nous départir de notre sangfroid, avons ensuite pris les mesures suivantes, tout en fermant les yeux, sur un désir bien naturel exprimé par madame Altesse, nous priant d'avoir seulement des yeux au bout des doigts.

Largeur des poignets	0ᵐ,12
Largeur du cou	0ᵐ,24
Largeur de la taille	0ᵐ,48
Largeur de la cuisse, en haut . . .	0ᵐ,56
— — en bas . . .	0ᵐ,46
Largeur du mollet, en haut	0ᵐ,36

Ce prix, le jury l'a partagé entre mesdames Alice Noward, Alice Theren et Marie Régnier, à mérite égal.

Par suite de cette décision du jury, le *Mail*

Largeur des chevilles . . . . 0^m,19
Largeur de la poitrine. . . . . . . 0^m,57

Avons de plus constaté que l'épiderme était d'une finesse extrême, doux comme du satin, frais et parfumé, que les dents étaient blanches comme celles d'un jeune chien, que l'oreille était admirablement ourlée, que les mains étaient aristocratiques, le pied cambré et les attaches fines.

Nous avons noté des lèvres sensuelles et une haleine exhalant une bonne odeur de dragée, avec je ne sais quoi d'une épice enragée qui rend fou.

Ayant alors voulu pousser plus loin nos investigations avons été prié par madame Altesse de bien vouloir nous renfermer strictement dans les limites de notre mandat.

Ne connaissant que notre devoir, nous avons passé outre, et constaté après, quelques minutes de lutte,... que madame Altesse est restée dans sa lettre bien au-dessous de la vérité.

En foi de quoi nous avons rédigé, la vue un peu trouble, le présent procès-verbal pour être envoyé à la commission afin qu'elle n'en ignore.

Et, après avoir avalé un verre de sherry brandy et deux biscuits pour reprendre des forces, avons quitté l'hôtel du boulevard Meissonnier pour continuer nos expertises.

Et avons été reconduit jusqu'à la rue par la personne grassouillette, attachée à la personne de l'examinée, comme il est dit ci-dessus.

Fait à Paris, le 5 octobre 1886.

X...
Délégué expert
(6ᵉ année d'exercice.)

d'amour appartiendra donc à madame Alice Noward, les lundi, mercredi et vendredi de chaque semaine; à madame Alice Theren, les mardi, jeudi et samedi, et à madame Marie Régnier, le dimanche. (Longues acclamations qui redoublent à la vue des trois belles concurrentes gravissant l'estrade pour venir embrasser le président. Trois membres du jury les accompagnent jusqu'à leur mail; elles y montent et disparaissent au galop des quatre chevaux.)

—

Ce seul prix n'a pas paru suffisant au jury; d'autres mérites spéciaux restaient à récompenser. Les prix suivants ont donc été joints au premier et décernés comme il suit :

PRIX DE SAGESSE (par acclamation). — Madame Altesse.

Un beau régiment de cavalerie avec effectif complet en hommes et chevaux.

(Madame Altesse envoie un bécot dans la direction du jury, saute à cheval, et part à la tête de son régiment dans la direction de Ville-d'Avray. La fanfare joue : « Ah! que j'aime les militaires ! »)

PRIX DE GRACE. — Madame Léonide Raumesnil.

Haute canne Louis XV, avec manche en vieux saxe.

Madame Raumesnil fait une révérence exquise, reçoit sa canne, et part avec la démarche d'une marquise de Fragonard.

Prix de gymnastique dramatique. — Hors concours : Madame Dorah-Riflhardt. (Sensation profonde.)

Ce prix consiste en un gymnase byzantin avec tout ce qu'il faut pour se disloquer, installé dans l'ancien hôtel de l'avenue de Villiers, racheté à cette occasion et repeint à neuf par Caillebotte.

(La grande artiste se traîne en marchant par saccades. Elle s'enroule trois fois autour du président, se déroule, plane un instant, et disparaît dans l'éther.)

Prix de maintien. — Création spéciale : Mademoiselle Gabrielle Koller.

Une couronne de duchesse, avec fiefs, privilèges et tabouret à une cour aristocratique.

Prix d'imitation. — Madame Gabrielle Méjane.

Le cordon de lorgnon du prince, avec un camélia et une moustache blanche.

— Mademoiselle, dit le président, nous avons voulu rappeler le plaisir exquis que vous avez causé à nos amis du *Petit Cercle* dans la dernière Revue.

» Quel spirituel et charmant compère ! Ce prix n'a d'ailleurs de valeur que par l'intention.

— J'allais le dire ! s'écrie la gracieuse artiste, en recevant son petit paquet.

PRIX D'ENTRAIN DIABOLIQUE. — Madame Delphine Balinzy.

Ses entrées à vie au concert des Ambassadeurs.

— Je les avais déjà ! s'écrie Delphine ; enfin, je les donnerai à Marthe !

PRIX DE TENUE. — Madame Louise Leret.

Un coupé trois-quarts, avec deux carrossiers de Norfolk.

PRIX DE GRAVITÉ. — Madame Léa Casko.

Une araignée en diamants évoluant sur un plafond vierge, plus le portrait miniature, sur ivoire, de M. Chadwick, en coléoptère.

(Madame Léa Casko gravit l'estrade la tête en bas et les pieds en l'air, ce qui embarrasse un peu le membre du jury chargé de lui déposer la couronne sur la tête et de l'embrasser. Il dépose la couronne... à tout hasard, mais il n'embrasse pas.)

PRIX D'EXCELLENCE. (Vétérans). — Madame Élise Laure, dite des Ambassadeurs.

Un panier de flacons du lait Mamilla, et neuf

grosse caisse n'ayant encore servi qu'à M. Deransart.

(Arrivée sur les marches, madame Laure envoie dans la direction du Trocadéro, un « Hé Coco! » qui fait écrouler tout un côté de l'estrade. Grand succès, surtout parmi les gardes municipaux qui ne cachent pas leur joie, bien que maintenus dans les limites de la pudeur par une sage discipline. Sans cela !...)

Prix de simplicité académique.— Madame Émilie Moizat.

Une réduction du Panthéon en gâteau de Savoie avec cette inscription en sucre: « Aux grandes femmes, la Patrie reconnaissante. » Plus une correspondance pour la Place Courcelles.

— Je n'ai pas coiffé sainte Geneviève, répond la douce Émilie en rougissant, mais je lui consacrerai quand même ce petit temple élevé à ma gloire.

Là-dessus elle part rapidement, pour utiliser la correspondance pendant qu'il en est temps encore.

Prix de pointe.— Madame Claudine Samet.

Une paire de fleurets offerts par le général Bourgachard.

Madame Samet embrasse longuement le président, puis croyant voir une expression d'ironie jalouse sur la figure des membres du jury, elle les gifle et leur donne à tous sa carte. Tous l'acceptent avec reconnaissance.

Prix cynégétique. — (Fondé par la Société protectrice des animaux). Madame la comtesse Lapinscka.

Concession, après départ, de toutes les garennes de Chantilly.

(La comtesse très occupée à cette heure-là, a envoyé sa femme de chambre. Les municipaux font un succès à la jolie camériste).

Prix des blondes. — Madame Suzette Lichtemberg.

La section du Cercle de la Place Vendôme au complet. Président, vice-président comité et membres enthousiastes.

— Madame, dit le président, je vous dirai comme Bailly à Louis XVI: Ce n'est pas le club qui vous conquiert, c'est vous qui faites la conquête du club.

Prix des brunes. — Madame Julia de Montlhery.

Une glace de Venise.

Nous ne pouvions rien vous donner de plus joli que votre portrait, dit le président.

Madame Julia remercie le président et l'invite,

ainsi que ces messieurs du jury, au prochain dîner de rieuses.

Prix de noblesse. — Madame Laure Schuman.

Un traité complet sur la « Noblesse de France », par d'Hozier.

— Madame, lui dit le président, qui se ressemble s'assemble.

Prix d'équitation, *ex æquo.* — Mesdames Bladie et de Tornay.

Un cheval de sang dressé par M. Makensie-Grièves.

— Mesdames, dit le président, dans le cas où chacune de vous désirerait garder ce cheval, c'est M. Molier qui sera chargé de décider en dernier ressort.

— Oh! alors, je suis bien tranquille, répond chacune de ces dames.

Prix héréditaire. — Mademoiselle Marie Datour.

Le portrait d'Amélie, et en exergue cette inscription en diamants, retrouvée par Saint-Machin : « *Matre pulchra, filia pulchrior.* »

— Saint-Machin vous traduira ça au besoin, dit le président.

— Bast! répond la belle Marie. Les diamants... ça se comprend toujours.

Prix de comédie. — Madame Eudith Zimmer. Une entrée au Conservatoire délivrée sur les recommandations des auteurs de la *Revue à bon marché*.

———

Tous les prix sont distribués. Le président se lève et dit ces derniers mots :

— Nous allons terminer cette imposante cérémonie par un défilé sur l'estrade des diverses corporations. Chaque concurrente embrassera successivement au passage messieurs du jury.

Bravos frénétiques. Le défilé commence. Au cinquantième baiser, l'aréopage commence à donner des signes inquiétants d'aliénation mentale.

Et le défilé continue toujours, toujours... et les baisers succèdent aux baisers. Tout fait prévoir une catastrophe.

A six heures, la charpente s'effondre au bruit des fanfares. Enlacements, cris de joie. On sent que quelque chose de très grand vient d'apparaître.

Apothéose gaie !... Fête sublime et catapultueuse !...

LA CHOUPASSE

Il faut rendre justice au général ; il avait trouvé le cantonnement très convenablement installé à Châteaufort. Les chevaux n'étaient pas trop serrés dans les hangars, les armes étaient bien placées, les couchettes en paille étaient très suffisantes, partout les *popotes* avaient très bon air, et les marmites envoyaient dans l'air un parfum des plus appétissants. En bon général, qui ne craint pas de s'occuper des détails, il avait soulevé le couvercle des gamelles et regardé le contenu qui mijotait.

— Pas mal, pas mal, avait-il dit, mais cela manque de légumes. Capitaine commandant, pourquoi si peu de légumes ?

— Mon général, il n'y en a pas dans le village.

— Capitaine, je n'admets pas cette raison. On cherche, on se remue, et l'on trouve. Vous avez vos *bonis* des ordinaires, n'est-ce pas ? Eh bien, consacrez les à l'achat de choux, de carottes de pommes de terre qui fassent de bonnes soupes, des *choupasses*, vous me comprenez bien, je veux des grosses *choupasses* d'Auvergnats.

On promit au général qu'il aurait ses *choupasses*, et celui-ci piquant des deux et suivi de son officier d'ordonnance, reprit au galop le chemin de la brigade.

— Il croit que c'est commode, le général ! dit le capitaine Pouraille. J'ai cherché dans toutes les fermes, il n'y a rien, absolument rien.

— Moi, j'ai bien trouvé quelques choux à deux sous la tête, mais c'était bien mauvais, continua Brionne.

— Fichu pays ! appuya La Bélière. Pas de légumes ! Je vous demande un peu à quoi emploient leurs loisirs, les indigènes de Châteaufort !

Tandis que ses camarades exhalaient leur mauvaise humeur, le capitaine Parabère approuvait en hochant la tête, d'un air entendu, mais derrière sa grosse moustache noire, il souriait. En effet, très débrouillard quand il s'agissait de ses hommes et aussi très grand marcheur, il avait poussé le matin à pied jusqu'à la ferme du

Fresnes, et là, on lui avait proposé six cents kilogrammes de pommes de terre à sept francs les cent kilos. C'était tout ce que le fermier possédait. Avec ses six cents kilos, Parabère allait pouvoir, pendant une semaine, améliorer sensiblement la cuisine de ses cavaliers, mais à une condition, c'est qu'il gardât exclusivement l'achat pour son escadron.

Si Parabère tenait tant à ses pommes de terre, c'est que, depuis l'inspection générale, il y avait une véritable course au clocher entre Pouraille, Brionne, La Bélière et lui. Portés tous les quatre au choix comme chefs d'escadron, à peu près égaux comme âge, comme mérite et comme avenir, il s'agissait de savoir qui serait maintenu sur le tableau, et chacun d'eux, même dans les détails les plus minces, essayait de faire mieux que son rival, afin d'être coté en conséquence.

Parabère se garda donc bien de souffler mot de sa découverte; mais il redoutait l'arrivée de sa voiture chargée sur la grande place. Il y aurait affluence, concurrence, surenchères, les pommes de terre monteraient à un taux fabuleux, et le pauvre capitaine se verrait frustré de ses légumes. Il avait bien pensé à faire arriver la charrette pendant la manœuvre, à l'heure où tous les camarades étaient à cheval, mais le fermier avait déclaré que, le matin, lui et ses chevaux étaient occupés aux champs et qu'il ne pouvait venir que dans l'après-midi.

Il fallait donc trouver un moyen d'éloigner les camarades pendant la journée, mais lequel? Après six heures de manœuvres et de galops dans la terre labourée, on ne tient guère à excursionner. On ne se doute pas comme il est difficile de mobiliser sans motif grave un cavalier éreinté!

—

Parabère chercha et trouva. Il commença par disparaître toute la journée sans qu'on pût savoir où il était allé. La nuit venue, il rejoignit l'auberge où ses camarades se réunissaient pour prendre le café. Les cigares et les fourneaux des pipes piquaient des points de feu dans l'obscurité. C'était l'heure de la bonne camaraderie, un moment exquis où, sous l'influence de la digestion, chacun éprouve le calme et la satisfaction du devoir accompli.

C'est le moment des épanchements intimes, des récits de guerre, ou des anecdotes amoureuses, chacun apportant son mot ou son récit.

Les histoires de femmes sont surtout goûtées, compensation — insuffisante sans doute — aux privations endurées depuis une semaine. A son insu, chacun envoie alors un baiser à *l'amie* absente, poétisée par l'éloignement.

Un cri général salua l'entrée de Parabère :
« D'où sortez-vous ? Vous avez manqué au dîner! »

— Messieurs, dit le capitaine, en s'installant à cheval sur une chaise, j'arrive d'Étampes : vingt kilomètres, ce n'est pas une affaire, et j'ajouterai... que je ne regrette pas mon voyage.

— Ah! ah! Contez-nous cela. Satané Parabère! Toujours le même. Vous savez que le général n'aime pas qu'on s'absente du cantonnement sans raison majeure.

— Mais, sacrebleu, il y avait une raison majeure. Est-ce que vous ne trouvez pas que Châteaufort manque de femmes?

— Oui! oui! fut-il répondu avec un ensemble merveilleux.

Évidemment l'idée émise par le capitaine répondait à une préoccupation générale.

— Eh bien! Messieurs, figurez-vous que j'ai trouvé à Étampes une perle, une véritable perle.

— Des détails, Parabère, des détails!

On rapprocha les chaises, et le capitaine continua au milieu d'un profond silence.

— Un bienheureux hasard m'a fait découvrir, dans une auberge, celle qu'on appelle dans le pays « la belle Hôtelière ». Elle est connue à dix lieues à la ronde. Les châtelains, les chasseurs, les sportsmen en villégiature, viennent exprès à Étampes rien que pour... Malvina, la merveilleuse Malvina.

— Elle s'appelle Malvina! drôle de nom! Et comment est-elle?

— Ah! mes amis, j'ai connu bien des jolies femmes, mais celle-là dépasse tout ce qu'on peut rêver. Des grands yeux noirs par lesquels passent, en vous regardant, toute sorte de lueurs étranges, une bouche diabolique qui rit en carré avec des dents superbes et au coin des lèvres un soupçon de moustache...

— J'adore les moustaches, exclama Pouraille visiblement ému.

— Laissez donc parler Parabère.

— Avec cela des cheveux blonds à reflets d'or...

— Vous nous avez parlé d'yeux noirs?

— C'est justement là la rareté. Une attache de cou superbe, un corsage à point, ni trop ni pas assez, mais cependant plutôt plantureux, une splendide créature; un joli sourire plein de promesses...

— Mille sabretaches, s'écria La Bélière très rouge, ce diable de Parabère vous a des descriptions...

— Et, dites-nous, Malvina est-elle farouche? Est-ce une vertu?

— Peuh! Évidemment vous pensez bien qu'une femme semblable ne se donne pas au premier venu, mais, quand on lui plaît, c'est une gaillarde qui ne fait pas de façons, et ce n'est ni long ni difficile.

— Alors, vous... vous avez été persuasif?...

— Chut! La discrétion est le devoir du cavalier français. Je vous dirai seulement que je suis très fatigué et que je vais me coucher. Sur ce, Messieurs, bonsoir!

Et Parabère se leva, laissant ses camarades dans un état d'exaltation difficile à décrire.

—

On dormit mal cette nuit-là au cantonnement, et, pendant la fâcheuse insomnie, chaque officier se retournant sur sa couche solitaire ne pensa qu'à la belle hôtelière. Chacun complétait, selon son goût, le portrait de Malvina, fait par Parabère. Le gros major se la figurait pâle, mince, l'air romanesque et intéressant, avec des langueurs attractives!!!... Pouraille songeait à des lèvres rouges et aux moustaches; elle devait avoir la peau très blanche avec un léger duvet sur les bras fermes et ronds. Brionne se représentait une jolie boulotte, bien en chair, croupe andalouse, gorge saillante, mollets larges du haut, minces du bas. La Belière s'imaginait quelque madame Bovary, Messaline de province, dévorée par un feu intérieur, et, quelles que dussent être les exigences de la situation, se sentait à la hauteur.

Quant aux petits lieutenants, c'était du délire. Brune, blonde ou rousse, qu'importe : Elle était *Celle* qui suffit pour mettre en l'air toute une garnison, *Celle* pour laquelle on ferait dix lieues à pied, pour laquelle on risquerait huit jours d'arrêt. Même ce nom de Malvina, prétentieux et canaille, éveillait les idées les plus folles dans tous ces cerveaux de cuirassiers enfiévrés par une continence peu habituelle.

Pendant le repos, à la manœuvre, chacun prit à part le capitaine Parabère pour se faire donner l'adresse et l'itinéraire exact:

— C'est bien simple, répondit le capitaine. Il faut descendre la grande rue, dépasser les deux églises, et, arrivé devant le télégraphe, vous tournerez à gauche... Au reste, vous n'avez qu'à demander au premier passant venu la *Belle Hôtelière*, tout le monde à Étampes connait Malvina.

— Merci, mon ami. Je vais tâcher de me défiler tantôt.

Et de fait, après le déjeuner, le *défilage* commença sur une grande échelle, un véritable exode. Les lieutenants plus méfiants, avaient usé de stratagème et avaient loué des guimbardes étonnantes conduites par des cuirassiers déguisés sous des bourgerons et des casquettes de soie. Quatre d'entre eux avaient pris la voiture d'ambulance, voiture si drôlement suspendue qu'il suffit d'y monter pour avoir l'air malade, et se cachaient derrière le fourgonnier, portant sur un brassard la croix rouge de la Convention de Genève. D'autres, simplement le fusil sur l'épaule, étaient partis chasser... dans la direction d'Étampes.

Le petit Destignac avait emprunté un complet à son propriétaire et s'en allait gravement, la tête à moitié cachée sous un chapeau décalitre 1830 et le torse flottant dans une vaste houppelande sous laquelle apparaissaient les bottes Chantilly. Tout le long de la route nationale, les paysans s'arrêtaient à la vue de ces apparitions fantastiques. Les capitaines, moins contrôlés, étaient partis isolément — toujours dans la direction d'Étampes — pour promener leur deuxième cheval. Quant au gros major, toujours exact observateur de la discipline et du règlement, il avait demandé au colonel la permission de se rendre à Étampes pour se faire couper les cheveux.

— Mais... vous n'avez pas de cheveux! avait observé le colonel.

— Si, mon colonel... par derrière, il y a des touffes qui me gênent... et puis j'ai à renouveler ma provision de cigares.

— Allez, major, allez, avait répondu le colonel en souriant, mais recommandez bien au coiffeur d'avoir la main légère. On s'enrhume si facilement !

—

Tous les officiers arrivèrent dans la grande rue d'Étampes, marchant vite pour trouver l'auberge avant les camarades. Jamais on n'avait vu tant d'uniformes. La procession suivit l'itinéraire indiqué par Parabère ; on dépassa les deux églises ; au télégraphe, on tourna à gauche, et on arriva au grand mur qui longe la voie du chemin de fer. Aucune auberge dans cette direction ! Quelques officiers se décidèrent à demander où était l'auberge de la « belle hôtelière ».

— La belle hôtelière ? demanda le passant inpellé.

— Oui, Malvina, la belle Malvina !

— Messieurs, répondit-on avec gravité, Étampes est une ville austère, qui ne tient pas le genre d'établissement dont vous voulez parler.

D'autres indigènes moins pudibonds expédièrent nos officiers au « Grand Monarque » et au « Soleil d'Or ». Mais, dans l'un comme dans l'autre hôtel, pas la moindre Malvina !

Le gros major renonça le premier à la poursuite de la femme pâle aux langueurs attractives ; à cinq heures il retournait à Châteaufort ayant complétement oublié de faire couper ces touffes de cheveux qui le gênaient. Bientôt La Belière, Brionne et la Pouraille, dépistés et furieux, reprirent à leur tour le chemin du cantonnement. A la nuit tombante seulement, les lieutenants se décidèrent à abandonner la chasse.

—

Pendant que ses camarades faisaient résonner leurs éperons sur les pavés d'Étampes, le sage Parabère, resté seul au cantonnement, recevait avec son fourrier les six cents kilogrammes de pommes de terre promises, au prix de sept francs les cent kilos. Immédiatement, elles étaient réparties dans les pelotons et emportées dans les grands sacs pour être distribuées aux hommes. Le surlendemain, le général resta émerveillé devant la plantureuse *choupasse* de l'escadron de Parabère, tandis que La Belière, Pouraille et Brionne en étaient restés au simple bouillon gras.

— Capitaine je suis content de vous! dit le général. On peut exiger des hommes n'importe quelle fatigue, avec une pareille *choupasse!!!*

En conséquence, le capitaine Parabère a été seul maintenu sur le tableau d'avancement. Il va passer chef d'escadrons.

UNE JOURNÉE
AUX GRANDES MANŒUVRES

CINQ HEURES DU MATIN. — Réveil par l'ordonnance qui, après avoir essayé de la voix flûtée, finit par crier sur le ton de la théorie : « Mon capitaaaaaine!! » On bondit, on voue l'ordonnance aux dieux infernaux, et l'on se plonge dans son tob pour tâcher d'être lucide. Après quoi on endosse la tenue de manœuvre, et à cheval!

CINQ HEURES UN QUART. — Réunion de l'escadron sur la place du village. — Avons-nous nos cent hommes présents? — Mais il y a deux malades. — Et bien! faites monter les deux cuisiniers. Il me faut mes cent hommes. Désespoir des cuisiniers.

CINQ HEURES ET DEMIE. — En route, à la recherche de la cote 134, point indiqué comme réunion. L'air est frais et embaumé, les oiseaux chantent dans les branches, la rosée a laissé après les arbres de longs fils de la vierge, les petites maisons à volets verts ont l'air endormi dans la verdure... et il faut chercher la cote 134 !

SIX HEURES. — Réunion des officiers en cercle autour du général. — Messieurs voici l'hypothèse de la bataille d'aujourd'hui. Rapprochez-vous, au deuxième rang. Je n'ai pas l'intention de m'égosiller. Capitaine d'Éparvin, quand vous voudrez laisser votre cheval tranquille, vous me ferez plaisir. Je disais donc, Messieurs, que etc., etc...

HUIT HEURES. — Quand je le disais. Quelle salade, mes enfants! Le général a fait sonner : à droite ; mais le colonel Chambenoit a commandé : pelotons à gauche. Ces choses-là arrivent à de fort honnêtes gens. Et le général de grincher « Je vous croyais musicien, colonel ! C'est bien la peine d'avoir des prétentions comme ténor, etc., etc... » Et tout cela va retomber sur les pauvres capitaines-commandants.

NEUF HEURES. — Le repos. On met pied à terre, on fume une cigarette..... Mais ça manque non seulement de femmes, mais de rafraîchissements. Le général ne veut pas de cantinière. Il n'admet pas qu'un officier ne puisse pas rester cinq heures à cheval sans boire. Tout est possible, parbleu.

ONZE HEURES. — La grrrrrande charge finale. Escadrons en avant, au galop, marche. — Pour l'attaque! Chargez! Hip! Hip! Hurrah! C'est le moment le plus agréable de la journée. — A cause de l'ivresse de la charge? — Pas du tout, c'est parce que c'est la fin de la manœuvre.

ONZE HEURES ET DEMIE. — Retour au cantonnement. Trente degrés à l'ombre, et la route est en plein soleil. Discussions catapultueuses sur les mouvements de la matinée: c'est Pouraille qui a fait manquer la conversion. — Il ne devait pas s'arrêter. — Mais si, puisqu'il était pivot. — Oui, mais pas pivot fixe, pivot mouvant. — Pivot, vous-même. Allons déjeuner.

MIDI. — *Au Bœuf couronné.* — Déjeuner. Un vin qui fait des tâches d'encre sur la nappe et des côtelettes larges comme des bidons, le tout servi par une grosse fille que le petit Larmejane a le tort de pincer tout le temps, ce qui nuit à la régularité du service. Le capitaine a décidé qu'on lui attacherait les mains et qu'on le ferait manger à la cuillère. Ah! mais!......

UNE HEURE. — Disparition générale. Enfin on va donc goûter les douceurs de la sieste, de la bonne sieste, bien lourde, bien abrutie, tandis qu'au dehors le soleil darde ses rayons d'aplomb sur la grande place.

UNE HEURE ET DEMIE. — Tara ta ta, tara ta ta ! le général fait sonner à cheval par alerte. Il faut se lever rendosser le harnais et courir sur la place d'alarme. Pourvu que mes hommes se réveillent, mon Dieu ! Concentration à la ferme des Quatre-Moulins. Nous n'y serons jamais !

DEUX HEURES. — Allocution du général : « Évidemment cela pourrait être mieux, pour une revue ce serait insuffisant, vos paquetages laissent à désirer, mais je veux bien faire la part des circonstances. Remmenez votre escadron. »

QUATRE HEURES. — Le grand pansage. Un cavalier intelligent a été placé en avant du village, soi-disant comme planton pour apporter les ordres, mais en réalité pour prévenir de l'arrivée des gros bonnets. Excellent exercice de vedette.

CINQ HEURES. — Conversations vives et animées du capitaine avec le boucher, le boulanger et l'épicière. On s'était assez bien entendu comme prix, mais il y a la question du timbre qui vient tout gâter. Pas mal l'épicière. Avec elle on s'arrangera en faisant des factures inférieures à dix francs, mais avec les autres, on sera inexorrrrable !!! Je ne connais que le règlement.

SIX HEURES. — Un brin de toilette. Tenue n° 1 : képi frais, moustache retroussée, aller faire *iso-*

lément un petit tour dans les rues écartées. Ah! si l'on pouvait trouver bon gîte et le reste pour ce soir !... On m'a parlé d'un petit jardinet...

SEPT HEURES. — Le dîner. L'exemple de Larmejane a été désastreux, c'est à qui maintenant pincera la grosse fille qui nous dit en riant : « Eh ben ! quand j'aurai tout lâché, vous serez ben avançai. »

HUIT HEURES ET DEMIE. — On fume la bonne pipe au milieu d'un calme profond. Un ancien raconte ses souvenirs de Metz. Au loin, la retraite résonne. On ne voit presque plus ; le foyer brillant des pipes pique seul un point lumineux dans la nuit. C'est l'heure de la bonne camaraderie.

DIX HEURES. — Extinction des feux. Se coucher à dix heures ; c'est beau la vertu. Laisser disparaître un à un les camarades, et s'en aller à tout hasard monter la garde devant un petit jardinet de la rue de La Truie qui file. On a aperçu là, à six heures, une petite blondinette en peignoir bleu.....

DIX HEURES ET DEMIE. — Prendre son sabre en guise de guitare : « A ta fenêtre, daigne paraître. » — Qu'est-ce que vous voulez ? — Ah ! vous le savez bien ! — Pas du tout... mais je vais toujours vous ouvrir.

LA CONFÉRENCE. — Tout le monde a formé le

cercle autour du général qui va expliquer l'hypothèse des mouvements de la journée. Heureux moment pour les jeunes gens qui profitent de cette réunion pour rallier à des courses folles. Les vieux vont plus doucement mais arrivent tout de même. Attention générale.

QUELQUES TYPES!

LE GÉNÉRAL. — Rêve la nuit de formations en masse et de déploiments en bataille. Va, vient, s'époumone en explications, se passionne pour son sujet, et n'admet pas qu'un officier de cavalerie soit jamais fatigué. Le cheval peut-être, mais pas le cavalier.

LE COLONEL. — De ces manœuvres-là vont dépendre ses épaulettes de général. Ceci le rend un peu nerveux et grincheux, mais on le serait à moins, et puis, il est si aimable en garnison, qu'on peut bien lui pardonner ces quinze jours de crise.

LE LIEUTENANT-COLONEL. — Toujours plus vieux que le colonel. A sa retraite dans un mois. Légèrement désabusé des joies de ce monde. Cependant a tenu à honneur de faire une dernière fois les manœuvres. Il aura servi jusqu'au bout.

LE GROS MAJOR. — Remplace le chef d'escadron malade. Fureur et damnation! Avec cela un cheval qui donne des coups de pied en vache, et qui profite du cercle pour causer chaque fois un accident, si bien que le mot d'ordre est : « Fuyez le major ! Cet animal est dangereux ! »

LE CAPITAINE-COMMANDANT TÊTE DE TURC. — Il est placé à l'aile, si bien qu'on s'en prend toujours à lui quand le mouvement rate. Et il y a des veinards qui commandent des escadrons du centre !...

LES LIEUTENANTS ET LES SOUS-LIEUTENANTS. — Étourdis, gais et rieurs. C'est si amusant les grandes manœuvres... pour ceux qui n'ont absolument qu'à suivre le capitaine. Et le changement, l'imprévu, le grand air, les galops bien francs, la bonne camaraderie... sans compter les petites femmes qui rallieront ce soir au cantonnement.

CONSEILS PRATIQUES !

La cantine réglementaire n'est pas grande, mais avec une ordonnance un peu débrouillarde c'est incroyable ce qu'on peut y faire entrer. Ne pas cependant se charger d'effets inutiles. Une tenue complète de rechange. Deux pantalons blancs. De bonnes bottines bien vieilles pour marcher dans tout le cantonnement, des pantoufles pour la chambre, deux chemises de flanelle ; un petit gilet, un bon dolman bien large, une culotte neuve qu'on aura cependant brisée à cheval, une dizaine de jours avant le départ. La culotte doit se boutonner jusqu'au dessus du genou, de façon à pouvoir donner de l'aisance au jarret rien qu'en lâchant quelques boutons. Bien se garder de mettre ses effets de toilette dans la cantine. Souvent les bagages ne sont pas arrivés quand on parvient au cantonnement. Avoir sur son cheval dans l'étui un petit nécessaire en toile cirée contenant une éponge, une brosse, un rasoir et un savon. Avec cela, on peut aller partout et se laver dès l'arrivée au gîte. Dans le même but, avoir un vieux képi roulé, qui permettra d'ôter son shako ou son casque dès l'arrivée, ou même pendant la grande halte. Prendre ses précautions en cas des pluies d'automne. Sur le cheval, le grand tablier de cuir verni qui entoure le poitrail et s'accroche à la ceinture du cavalier. On a ainsi les jambes complètement garanties. Sur les épaules, la pèlerine de caoutchouc, qui peut se jeter rapidement sans passer les manches. Le tout peut former un paquet très petit occupant l'ancienne place du porte manteau.

Dans l'étui d'état-major accroché à la selle du côté montoir, avoir du papier quadrillé, des enveloppes, un crayon noir, un crayon rouge, une carte collée sur toile, avec bois peints en vert, routes en rouge, et rivières en bleu. Sur soi, une bonne montre peu susceptible, une boussole, un sifflet. Dans l'étui à revolver, sa pipe et son tabac. (Le revolver dans la cantine, mais il ne faut pas le dire!). Dans la gourde, du café froid, ou de la vieille eau-de-vie. Dans la cantine, des enveloppes toutes timbrées à l'avance, du papier à lettre, et une dizaine de vieux journaux pour faire flamber dans les bottes mouillées la veille. C'est encore le meilleur moyen pour enlever l'humidité. Surtout ne pas oublier une bonne dose d'entrain, de gaieté et de philosophie.

LE BATEAU DE FLEURS

I

Le sort en était jeté!.. M. Nestor Lardèche, honnête rentier, retiré du commerce, se décidait, au bout de trente ans de travail, d'honneur, de privations et de loyauté, à se payer un petit voyage à Trouville. Il en avait assez du faubourg Saint-Denis, des horizons rétrécis du boulevard et des arbres malingres de la métropole. Il lui fallait à son tour la grande vie, le brouhaha des Casinos à la mode, et la vue de la *mer immense.*

Donc, un beau soir à sept heures, il s'embarqua dans le rapide de Trouville, et, après avoir coiffé une belle calotte de velours brodé, souvenir de sa défunte Caroline, après avoir assujetti sur son petit nez une paire de lunettes à branches d'or, il se mit en devoir de lire un feuilleton palpitant du *Petit Journal*. Malheureusement le train marchait à grande vitesse, la lumière vacillait, et, arrivé à un passage où le comte disait à un colonel :

— Voulez-vous que je vous dise franchement ?
— Oui !!!

(La suite au prochain numéro.)

M. Lardèche fut obligé de s'avouer qu'il fallait renoncer à la lecture. Il promena donc ses regards sur ses compagnons de voyage et aperçut que ces compagnons étaient des compagnes. Quatre jeunes filles vêtues très simplement de costumes de mousseline de laine imprimée, mais non sans une certaine élégance. Il y en avait trois blondes et une brune, qui paraissait le chef de l'expédition, et qui semblait l'aînée, bien qu'elle n'eût pas vingt-cinq ans. D'ailleurs, une belle fille, au type accentué, aux sourcils noirs fortement arqués, avec des lèvres pourpres estompées dans les coins d'un petit duvet très appétissant. On a beau être un honnête bonnetier, cela n'empêche pas d'apprécier à leur juste valeur les jolies filles, et Caroline, de son vivant, laissait faire, sachant bien que cette admiration platonique pour la beauté n'avait jamais fait commettre à l'honnête Lardèche le plus petit accroc à la vertu conjugale.

— Nester n'a jamais failli ! disait Caroline avec une noble fierté, et c'était vrai.

Les trois autres blondinettes avaient des cheveux à la chien, des figures chiffonnées, des nez tournés *à la friandise*, et présentaient ce type gavroche gai et gouailleur très commun parmi les petites ouvrières de Paris. La conversation était vive et animée.

— Ce qui m'inquiète, disait la brune, c'est que le train arrive à minuit dix. A cette heure-là, les maisons particulières sont fermées et les hôtels sont archi-pleins pendant la semaine des courses ; nous aurons peut-être beaucoup de peine à nous caser.

— Ce ne serait pas gai, ma chère, de passer une nuit à la belle étoile. Nous aurions dû télégraphier.

— Merci ! pour faire encore des frais !

— C'est égal, je suis loin d'être rassurée.

A ce moment, M. Lardèche, pris de compassion, crut de son devoir d'intervenir, et d'un ton paternel :

— Mon Dieu, Mademoiselle, permettez-moi de vous offrir mes humbles services : j'ai écrit à M. Cardoville, marchand de curiosités, rue de la Mer, pour le prévenir de mon arrivée. Il dispose de nombreuses chambres meublées, et je crois que vous pourriez trouver là votre affaire.

— Merci, Monsieur, répondit la brune avec effusion et vous nous rendez, à moi et à mes amies, un véritable service. Permettez-moi de vous les présenter : Voici Jeanne, Blanche et Noémie, moi, je m'appelle Rachel. Nous faisons toutes quatre dans les modes; nous chiffonnons.

— Joli métier, répondit M. Lardèche en s'inclinant, lucratif et élégant.

La glace était brisée, et nos cinq voyageurs étaient les meilleurs amis du monde lorsque le train entra en gare. Nestor Lardèche, avec sa bonne grâce habituelle, s'occupa des bagages de ces demoiselles — pas bien gros les bagages — puis l'on monta tous les cinq dans un de ces petits paniers en fer dont Trouville a conservé le monopole.

M. Cardoville, le bonnet de coton en tête et la bougie en main, attendait son locataire, mais il fut un peu surpris à la vue du chargement féminin.

— Tiens ! tiens ! fit-il, vous avez donc amené votre famille ?

— Mon Dieu, ces demoiselles ne sont pas de ma famille. Ce sont de respectables personnes que je connais un peu...

— Monsieur nous a connues toutes petites, appuya Rachel.

— Toutes petites, parfaitement... en chemin de

fer... il y a longtemps... et elles désireraient vous louer une chambre.

— Ma foi, je veux bien, j'en ai trois disponibles à dix francs par jour... Seulement, je dois vous dire que, ces demoiselles m'étant absolument inconnues, moi, je n'ai à faire qu'à vous pour la location.

— Cela n'a pas d'importance, intervint Blanche; le principal c'est que nous soyons casées...

— Eh bien! voilà qui est convenu, dit M. Cardoville. Je vais immédiatement vous conduire à vos appartements.

Les chambres, avec leurs ornements en crochets, leurs petits ronds de tapis, et leurs tableaux en coquillage furent trouvées ravisssantes. Il y avait bien un léger inconvénient. Rachel, pour rentrer chez elle, était obligée de traverser par la chambre de Nestor.

— Bah! J'ai le sommeil très dur et cela ne me gênera pas, dit le conciliant bonnetier.

— Je tâcherai que cela vous dérange le moins possible, mon bon *oncle*, répondit Rachel.

Au mot d'*oncle*, toutes les petites folles avaient pouffé, et, lorsque le propriétaire se fut retiré:

— C'est une bonne idée; vous serez notre oncle. Bonne nuit, mon oncle!

Les quatre jeunes filles l'embrassèrent gentiment avec toute sorte de singeries.

— Bonne nuit, mes nièces, répondit Lardèche en riant d'un rire bonhomme.

Une demi-heure après, toute cette belle famille réunie par le hasard dormait du sommeil du juste, et Nestor Lardèche rêvait qu'il était un de ces dignes patriarches dont parle l'Écriture.

II

La journée du lendemain se passa très bien. Ces demoiselles restèrent dehors toute la journée, et ne rentrèrent que vers minuit. Quant à Rachel, elle ne rentra pas du tout, ce qui fait qu'elle n'eut même pas à passer par la chambre de M. Lardèche, qui fut très touché de cette attention.

Au moment du déjeuner, elle arriva les yeux un peu battus et les cheveux un peu défrisés :

— Tenez, mon oncle, dit-elle, voici un petit billet de cinquante francs. Vous seriez bien aimable de me le garder : ce sera pour la location, vous savez.

— Comme vous voudrez, mon enfant. Cette marque de confiance m'honore.

— Oui, nous avons décidé cela. Comme c'est vous qui avez loué, lorsque moi ou mes amies nous aurons un peu d'argent, nous vous remettrons des petits acomptes; de cette manière, nous serons plus tranquilles.

Et la vie continua ainsi en commun, très gentiment, le brave Nestor voyant son intérieur tout égayé par les allées et venues de ces jeunesses. C'étaient des poignées de main, des sourires, des cajoleries, des petites tapes en passant sur les bonnes joues de l'oncle. Lui, il rencontrait ses nièces, tantôt aux petits chevaux, tantôt se promenant solitairement sur les planches le soir, souvent accompagnées de messieurs plus ou moins élégants. Dans ce cas, Lardèche, en parfait gentleman, discret et bien élevé, passait en clignant de l'œil, sans avoir l'air. Au reste, la vie privée de ces jeunes filles ne le regardait pas. Le soir, le petit pensionnat rentrait ou ne rentrait pas, et, ma foi, Nestor préférait peut-être qu'elles ne rentrassent pas : d'abord, on était bien plus tranquille la nuit, et puis le bonnetier avait remarqué que le lendemain il était bien rare qu'elles ne lui apportassent pas quelque menue monnaie en le priant de la mettre de côté. Cela variait : dix francs, vingt francs, cinquante francs, mais les petits ruisseaux font les grandes rivières, et il ne fallait pas perdre de vue qu'il était responsable de la location vis-à-vis de Carduville. Son honnêteté de commerçant se révoltait à l'idée de ne pas payer un terme, mais, d'un autre côté, il espérait bien ne pas y être de sa poche.

A son insu, il finissait par s'intéresser à ces fructueuses pérégrinations. Il disait par exemple à Blanche :

— Ne mettez pas votre chapeau canotier ; j'ai remarqué qu'il vous porte la guigne. Prenez plutôt le mousquetaire à plume rose. En voilà un qui vous va bien.

A Noémie, un peu sérieuse et sauvage, il disait :

— Vous avez tort de ne pas sortir, mon enfant. Il fait beau aujourd'hui. Il y aura beaucoup de monde au Casino.

Quant à Rachel, c'était un plaisir. Une maîtresse-femme, celle-là : il n'avait pas à s'en occuper. Il ne l'avait pas vue depuis quatre jours. A la bonne heure !

Peu à peu il en vint, par une curiosité bien naturelle, à se renseigner sur ce genre de commerce qui lui était tout à fait inconnu. Cela lui ouvrait des horizons nouveaux. Il posait des questions et disait, par exemple, à Jeanne :

— Je vous ai vue hier au soir sur la terrasse avec un monsieur blond qui a l'air bien comme il faut.

17.

— Heu! heu! disait Jeanne. Je me méfie. A dîner, il ne m'a offert que du vin ordinaire et n'a pas voulu demander de fruits.

— Alors, quand on ne demande pas de fruits?..

— Oh! c'est mauvais signe, très mauvais signe.

Comme il était de bon conseil, on lui demandait son avis dans les cas difficiles :

Valait-il mieux aller à Villers avec M. X... ou à Houlgate avec M. Y...

— Je vous aurai des renseignements, répondait Lardèche.

Et il avait des renseignements. C'était une perle que cet oncle. Il connaissait le plus ou moins de solvabilité des baigneurs, et leur humeur plus ou moins folichonne. Celui-là avait l'air calé, mais c'était tout en apparence; au cercle, il disparaissait dès qu'il avait perdu cinq louis. Celui-là, au contraire, payait peu de mine, mais il était excessivement riche, et une fois qu'on avait su lui plaire... Ah! dame, il fallait savoir. Il avait, en effet, des goûts bizarres; Nestor s'était informé, c'était un homme très original, mais il était si généreux avec les femmes qu'on pouvait bien lui permettre d'être un peu fantaisiste; etc.

Ces demoiselles adoraient leur excellent oncle qui, au reste, le leur rendait bien. La première quinzaine avait été payée *recta*, et il espérait bien qu'il en serait de même à l'avenir, d'autant plus qu'il commençait à connaître très bien son affaire. Sa vie avait enfin un but. Au lieu d'être un baigneur désœuvré, il s'informait des arrivages dans les hôtels et sur la plage, et son imagination égayée entrevoyait avec les voyageurs cossus des mariages pour chacune de ses nièces. En voilà un, se disait-il en lui-même, qui ferait bien l'affaire de Jeanne!

Il commençait par le désirer, et, peu à peu, pressé par son idée fixe, il finissait par s'arranger pour que l'événement eût lieu. Il se faisait d'abord présenter au nabab, entrant dans son intimité avec cette facilité qui est spéciale aux villes d'eaux, puis, un beau jour, négligemment, il lui disait, en lui montrant Rachel ou Noémie :

— Hein? Qu'est-ce que vous dites de cela Est-ce frais? Est-ce mignon?

Puis il ajoutait confidentiellement, à l'oreille?

— Vous savez... je les connais très bien... charmantes... je pourrais vous présenter.

Grâce à cette habile politique, non seulement le loyer était assuré, mais encore le petit pensionnat réalisait des bénéfices énormes. Chaque jour, on apportait à l'oncle des piles de louis et des liasses de billets de banque, et celui-ci, pour s'y reconnaître, avait été obligé de tenir un véritable registre de Doit et Avoir. Chaque somme était inscrite soigneusement avec le nom et la date, et mise de côté avec une probité scrupuleuse. A Trouville, il était devenu presque célèbre. Tout le monde s'adressait à lui; dès qu'on voulait organiser un petit dîner au bar, ou une partie aux environs, on disait :

— Adressons-nous à l'oncle Lardèche, il nous fournira son pensionnat. Nous ferons bien de nous y prendre plusieurs jours d'avance.

Avec une naïveté touchante, Nestor racontait ses plans, ses espérances. Le sac grossissait chaque jour...

— Ah çà, lui dit un soir le commandant Moustapha Bey, auquel il venait de raconter tout ce que nous venons de dire, savez-vous, mon cher monsieur Lardèche, que vous êtes un drôle de personnage. Ainsi, combien vous rapporte le joli métier que vous faites ici ?

— Mais rien du tout.

— Eh bien, sans rien changer à votre manière d'agir, en faisant tout simplement ce que vous faites ici — ni plus, ni moins, — vous pouvez réaliser une fortune considérable. A votre place, je voudrais au moins en avoir le profit. Dans mon pays, les Parisiennes sont très appréciées, et, si vous emmeniez ces demoiselles avec vous à Alexandrie, par exemple, dans une jolie maison bien hospitalière, vous gagneriez un argent fou.

— Mais alors ce serait...

— Ah dame !... comme un bateau de fleurs ! Mais Alexandrie est si loin. A votre retour, dans quelques années, qui le saurait ?

—

Nestor Lardèche resta rêveur...

Et, six mois après, l'honnête bonnetier s'installait à Alexandrie avec ses quatre nièces et quelques petites amies qu'elles lui avaient désignées au départ pour renforcer la troupe.

L'affaire, montée par actions, est excellente. Chaque part de cent francs rapporte aux actionnaires sept cent quatre-vingts francs soixantequinze par mois, et Lardèche affirme que c'est meilleur que la rente française.

VÉNUS ET MACHIAVEL.

Personne ne sait mieux suivre une femme que le capitaine Tournecourt : ce sport, qui, pour d'autres, constitue une simple distraction, est pour lui devenu un art dont il savoure toutes les ruses, toutes les beautés, toutes les finesses. Il y apporte les connaissances du chasseur et la science tactique de l'officier de cavalerie. Il sait comment il faut battre le terrain, aborder la femme visée après l'avoir dépassée, la foudroyer d'un regard ou la *forcer* par la fatigue; il connaît les bons passages, les remises, les défauts; bref, quand les camarades rencontraient Tournecourt en chasse, emboîtant le pas à quelque jolie femme, ils se disaient : « Encore une qui n'ira pas loin sans avoir du plomb dans l'aile! »

Ah! c'était un malin que le capitaine, séduisant, beau parleur, sachant calmer les inquiétudes par son air bonhomme et endormir les scrupules par ses brillants paradoxes. Il avait, à Paris, trois rez-de-chaussée, situés : l'un aux Champs-Élysées, l'un à proximité de la Madeleine et l'autre dans le faubourg Saint-Germain; tous trois mystérieux, élégants, confortables, dans des rues désertes, avec des entrées situées à deux pas de la porte cochère et loin des regards inquisiteurs du portier; des fauteuils moelleux, invitant à la chute, des sofas très bas, très larges, avec des piles de coussins à la turque, permettant les poses les plus abandonnées; des cheminées au gaz avec feuilles d'amiante, qu'une simple allumette suffisait à faire flamber d'un beau feu clair et joyeux. Les trois quarts du temps, la victime se trouvait prise au piège, assise au coin du feu et savourant un verre de vin d'Espagne reconstituant, sans savoir au juste comment elle était entrée chez le capitaine.

Ce jour-là, Tournecourt était sorti dans une excellente disposition. Il faisait un temps superbe, un beau soleil d'automne éclairait les rues, et toutes les petites femmes, séquestrées par une longue quinzaine de pluie, devaient s'empresser d'aller faire résonner leurs talons de bottine sur les trottoirs enfin devenus propres et secs. De son côté, son tailleur venait de lui apporter un pardessus bleu-roi, à grosses côtes, avec large galon et revers de soie, qui était d'une coupe très heureuse. Sa moustache avait un bon pli, son teint était frais, ses yeux reposés; bref, il se sentait tout à fait en humeur de conquête. Il posa sur son front, dans l'angle déterminé, un chapeau étincelant, mit des gants gris perle à barettes noires, puis, après avoir allumé un bon cigare aux bouffées odorantes, il sortit de chez lui, le jarret tendu, l'air satisfait, comme un homme persuadé que la vie est décidément une très belle invention pour ceux qui savent en jouir.

Il se dirigea vers les boulevards, prenant le côté droit de la Madeleine jusqu'à la rue de la Paix et très décidé à cet endroit à traverser du côté gauche. Pourquoi ? Cela faisait encore partie de sa science spéciale, de son instinct de fin limier, qui lui faisait tout naturellement suivre les bonnes pistes. D'un pas lent et majestueux, comme un homme qui n'a qu'à se laisser vivre, il marchait ainsi les mains dans ses poches, le cigare à la bouche, laissant derrière lui de gros nuages bleuâtres. Déjà il avait échangé avec bien des femmes ce regard spécial qui veut dire : « Tiens, je te trouve à mon goût. — Moi aussi. » Mais il passait impassible, très décidé, ce jour-là, à dédaigner les conquêtes faciles et à viser haut.

— Aujourd'hui, se disait-il, pas de ces petites

artistes qui se rendent à la répétition un rouleau de musique sous le bras ; pas de ces ouvrières qui s'en vont gaiement un carton à la main ; pas de ces beautés tarifées qui n'attendent que le bon plaisir du promeneur ; je ne veux même pas de ces demi-mondaines haut cotées qui descendent de voiture pour aller manger un petit pâté chez Julien ou Frascati! Tout cela, c'est trop facile, et surtout c'est trop connu. Il me faut une vraie femme du monde, ou tout au moins une bourgeoise absolument honnête.

Et il continuait sa route, détaillant, ergotant, trouvant des imperfections, et très décidé à ne faire le *lancer* qu'en connaissance de cause, lorsqu'en arrivant au coin de la rue Cambon, il vit une femme arrêtée devant le magasin de fourrure. Son chapeau gris perle orné d'un oiseau des îles, son grand manteau de velours frappé, également gris perle, sa jupe à grosses bastilles brodées, terminée au bas par des dents pointues retombant sur deux rangs de dentelle faisant mousse, tout cela constituait un ensemble cossu, sobre, élégant qui attira immédiatement l'attention de Tournecourt. Il s'approcha et vit, sous le chapeau, un profil angélique, d'une pureté exquise, avec des cheveux blonds ondés formant sur le front comme un nimbe d'or. Tout en s'absorbant dans la contemplation d'une superbe pelisse en loutre, le capitaine jetait des regards de côté à sa belle voisine. Celle-ci finit par s'en apercevoir, leva les yeux et regarda peut-être un peu plus longtemps qu'il n'eût été nécessaire; ce fut un rien, la simple seconde qui distingue un regard *voulu* d'un regard *banal*, mais ce rien fut senti par Tournecourt.

— Tiens, tiens! se dit-il, on vient de me passer un examen. A-t-il été favorable? C'est déjà beaucoup qu'on ait daigné le passer.

La femme s'était remise en marche et avait traversé sur le trottoir Giroux; le capitaine se mit en marche, dépassa de cinq pas suivant sa tactique habituelle, et s'arrêta devant la vitrine du magasin pour regarder à nouveau. Adorable décidément, depuis l'aigrette du chapeau jusqu'aux pointes des bottines : ce grand manteau qui eut écrasé toute autre, convenait admirablement à sa haute statue, et à son grand air. Une perle, une vraie perle! mais qui précisément en raison de sa situation sociale ne devait pas être commode à aborder.

— Si je lui disais que je crois la connaître?... Bast! C'est bien usé. Si je lui affirmais que je l'ai déjà rencontrée quelque part ?.. C'est idiot. Il y a bien l'exclamation : « Quel beau temps aujourd'hui! » — ou bien encore : « Quels jolis yeux! » Mais c'est trop sans gêne et elle passera son chemin dédaigneusement sans même me jeter un regard. Et cependant, il faudrait marcher résolument. Je sens bien que c'est le moment de brusquer l'attaque, sous peine de prolonger une situation ridicule...

Et, de fait, la belle inconnue sentait parfaitement qu'elle était suivie, et, à plusieurs reprises, elle avait regardé le capitaine avec un regard fort bienveillant, tellement bienveillant que Tournecant s'écria:

— Ce n'est pas possible! Elle doit me connaître.

Et, chapeau bas, le cœur battant à tout rompre, craignant de commettre une énormité et de se faire peut-être rabrouer d'importance, le capitaine commença:

— Pardon, Madame... est-ce que je ne vous ai pas été présenté l'année dernière... à une chasse, je crois... chez la duchesse de Ruzès?... Vicomte de Tournecourt.

— Non, Monsieur, je ne vous connais pas du tout.

La belle blonde avait répondu cela sans colère, sans étonnement et surtout — point capital — sans s'arrêter. Il fallait immédiatement profiter de cet avantage, mais devait-il avouer la ruse avec franchise ou insister sur cette chasse... terrible perplexité. Avouer, c'était peut-être tout perdre et amener un signe de tête signifiant:

« En voilà assez, adieu Monsieur. » Insister pouvait provoquer un agacement bien naturel. Tournecourt se décida pour la franchise.

— Tenez, Madame, continua-t-il avec une voix très douce, je sais bien que ce que je viens de vous dire est absurde, mais je brûlais du désir de me présenter à vous, et j'ai cherché un prétexte. C'est si difficile de trouver en même temps une phrase respectueuse et en même temps prodigieusement spirituelle... Me pardonnez-vous?

— On dit que péché avoué est à moitié pardonné.

— Alors, Madame, je l'avoue deux fois, et vous supplie humblement de me laisser vous accompagner un bout de chemin, de manière à pouvoir au moins plaider ma cause.

— Eh bien, Monsieur, plaidez.

La glace était brisée. Tournecourt pensa qu'il fallait d'abord expliquer qui il était; c'est très difficile de parler de soi en bons termes, sans fatuité et sans fausse modestie, ni trop, ni trop peu. Il expliqua son métier en homme qui l'aime, et qui y voit comme une réhabilitation morale et un contrepoids à bien des folies.

— Ah! vous êtes capitaine de cavalerie?

Elle avait bien dit cela, avec un bon sourire, comme une femme qui aime les militaires, qui les comprend et les apprécie avec toutes leurs qualités viriles. C'était évidemment une bonne note. Le capitaine commença à avoir une lueur d'espoir, malheureusement la direction était déplorable. Où allait-elle? Avait-elle un but de promenade? Elle tournait absolument le dos au rez-de-chaussée le plus près, — celui de la rue du Cirque. Il aurait fallu la ramener graduellement, mais sans faire demi-tour. Pour cela, il devrait distraire son attention, en l'obligeant à parler d'elle. Quelques questions adroitement posées sur sa vie, son intérieur, mais peut-être allait-elle trouver son interlocuteur bien indiscret?... Cependant, on pouvait toujours essayer...

— Pardon, Madame, à mon tour, me permettez-vous quelques questions?

— Cela dépend, interrogez toujours, je verrai si je puis répondre.

— Êtes-vous mariée, veuve, libre?

— Je suis mariée. Mon mari est député.

— Tiens! Alors... il n'est... pas très jeune?

— Il a vingt ans de plus que moi.

Tout en causant, Tournecourt avait tourné le coin de la rue de la Paix et mis le cap sur la rue Saint-Honoré. Sa voisine ne parut pas s'apercevoir de ce changement de direction et continua ses confidences. Pas très heureuse, un mari très occupé, toujours sorti, très sérieux, ne comprenant rien aux aspirations d'une jeune femme qui se sent au cœur un ardent besoin de vivre...

Ici Tournecourt comprit que c'était le moment d'aborder la question brûlante. Mais si elle allait se froisser, se trouver insultée et le planter là, après l'avoir foudroyé d'un regard de femme offensée. Cependant, il fallait bien savoir...

— Et, demanda-t-il d'une voix un peu embarrassée... n'avez-vous jamais essayé de combler le vide de votre existence par une autre affection, de chercher un cœur qui vous comprenne, un ami sincère qui... un de ces vrais amis que...
— Il commençait à bafouiller, mais la belle blonde lui vint charitablement en aide.

— Bref, vous me demandez si j'ai un amant. Je n'en ai pas et je n'en aurai jamais. J'ai un enfant et, pour rien au monde, je ne veux risquer de compromettre ma position sociale... Ah ça, mais où m'emmenez-vous? Je voulais aller me commander un manteau d'hiver chez Ringa ou chez Lorth.

— Comment, vous n'allez pas chez Gélix, faubourg Saint-Honoré; ma sœur m'a dit qu'il y avait des modèles charmants. Nous en sommes à deux pas. Vous n'avez qu'à tourner à droite après la place Vendôme.

— Au fait, on peut toujours voir. Allons chez Gélis, cela m'est égal.

Heureux du succès obtenu, Tournecourt continua avec intérêt:

— Alors, Madame, jeune, jolie, ayant tout pour être aimée, vous vous résignez à vivre sans amour?

— Je ne vous dis pas qu'il n'y ait pas des jours où l'on se sent monter au cœur comme de chaudes bouffées; mais l'on réfléchit aux inconvénients d'une liaison et l'on résiste.

Elle avait dit « chaudes bouffées »! Peut-être était-elle dans un de ces bienheureux jours. Tournecourt enfourcha son dada favori, d'autant plus éloquent qu'il fallait faire doubler le coin de la rue Boissy-d'Anglas et les salons de Gélix, sans qu'elle s'en aperçût. Qui parlait d'une liaison, avec ses soucis, ses inquiétudes, ses jalousies, ses désenchantements? Il y a de par le monde des gens discrets qui ne demandent que ce qu'on veut leur accorder, qui ne viennent que lorsqu'on leur fait signe, qui disparaissent si on leur ordonne, retournent au néant, se contentant de conserver le souvenir d'une heure exquise, parfumée, sans regrets ni désillusion, contenant précisément dans sa brièveté même toute une intensité d'amour fou et exhubérant. Qui sait peut-être, en somme, l'idéal?...

On était arrivé place Beauvau, et Gélix était depuis longtemps dépassé.

— Où donc est le couturier? Vous m'avez emmené je ne sais où, et je n'en puis plus. Je n'ai pas l'habitude d'aller si longtemps à pied. Je veux rentrer. Faites-moi avancer une voiture.

Tournecourt comptait bien sur cette fatigue qui faisait partie du programme. Allons, se dit-il, brûlons nos vaisseaux.

— De grâce, Madame, commença-t-il sur un ton suppliant, ne nous quittons pas encore, j'ai tant de choses à vous dire!

— Mais c'est de l'égoïsme. Je vous ai dit que j'étais fatiguée.

— Eh bien... j'ai à deux pas d'ici... un petit rez-de-chaussée, rue du Cirque, où nous pourrons continuer la conversation commencée.

Et comme la belle blonde protestait :

— Soyez persuadée, Madame, que je vous fais cette proposition en tout bien tout honneur. Je suis un galant homme, et j'aurai pour vous tous les égards et tout le respect qu'on doit à une femme qui a confiance en moi.

— Bast! s'écria-t-elle, après un moment d'hésitation, je me fie à votre loyauté... et puis c'est toujours amusant de visiter un intérieur de garçon.

— Allons! encore une prise au piège, se dit Tournecourt en poussant le verrou de son appartement. Décidément, il n'y a personne de ma force.

... Une heure après, l'œil vif, le teint brillant, la belle blonde, les deux bras dressés dans une adorable attitude, relevait sur le sommet de la tête, par une épingle d'or, ses magnifiques cheveux blonds tombés je ne sais pourquoi sur ses épaules.

Tournecourt paraissait triomphant et couvrait de baisers une nuque sur laquelle se tordaient des petites mèches en révolte.

— Voyons, laissez-moi me recoiffer, dit-elle ; il est bientôt six heures, et il faut que mon mari me trouve rentrée.

— Et quand nous reverrons-nous ?

— Jamais ! Je vous répète que je ne veux pas avoir de liaison, et, comme vous l'avez dit vous-même, qui sait si nous retrouverions jamais une heure semblable à celle que nous venons de nous donner l'un à l'autre.

A cette déclaration, Tournecourt ne put s'empêcher de manifester une fatuité naïve. Ainsi ses théories corruptrices sur l'idéal avait porté leurs fruits ; c'est lui qui, par son machiavélisme, son éloquence, ses paradoxes, avait peu à peu amené cette femme foncièrement honnête à admettre le caprice... Sa figure exprimait une telle satisfaction, que la belle blonde ne put s'empêcher d'éclater de rire.

— Ainsi, mon cher Monsieur, vous croyez

avoir été très adroit, et avoir absolument roulé une pauvre petite femme innocente ?

— Oh ! pouvez-vous croire ?

— Oui, oui ; je lis très bien votre pensée. Vous vous dites : « Quel profond scélérat je fais ! Il n'y en a pas deux aussi malins que moi ; il n'y en a pas ! » Eh bien, figurez-vous, cher Monsieur, que c'est au contraire vous qui vous êtes pris au piège ; vous vous êtes donné un mal énorme pour m'amener précisément à ce que j'étais absolument décidée à faire. Vous savez, on a des jours comme cela... J'étais sortie de chez moi très énervée, et, si cela n'avait pas été vous... ç'aurait certainement été un autre. Et maintenant, adieu ! N'essayez jamais de me revoir.

Et, donnant un dernier regard au miroir pour voir si sa tenue était correcte, elle sortit.

— Bah ! se dit Tournecourt, un moment défrisé par cet accès de franchise, au fond, qu'est-ce que cela me fait ? Dupeur ou dupé, je n'en ai pas moins eu une heure exquise, et je consens tant qu'on voudra à être refait de la sorte.

L'ONCLE BROUDOUDOUM

I

Tous les ans, en novembre, Pierre quitte son Paris, son club, son allée des Acacias et ses petites femmes, pour aller souhaiter la fête de sa sœur, la marquise de Boisonfort, au château de la Châtaigneraie.

Cette petite fête de famille, en pleine fin d'automne, au moment où la vie reprend à Paris, où les théâtres rouvrent, où les amis reviennent, avait toujours été considérée par Pierre comme excessivement gênante. Je vous demande un peu pourquoi cette fête ne tombait pas en septembre, au moment de l'ouverture de la chasse? Tout en maugréant, Pierre s'exécutait, et, esclave de son devoir, allait passer quelques jours paisibles et vertueux au milieu d'une foule de neveux et de nièces qui l'accueillaient à bras ouverts, et l'avaient surnommé « l'oncle Broudoudoum ».

— Oui, avait dit un jour la petite Odette de Boisonfort, mon oncle n'est pas seulement arrivé que : *broudoudoum, broudoudoum,* le voilà reparti au galop pour Paris !

Et le nom d'oncle Broudoudoum lui était resté. Cette année, cependant, Pierre partait sans trop de mauvaise humeur. Il avait perdu pas mal aux courses, le dîner du cercle était devenu exécrable, les *Braconniers* avaient donné coup sur coup cinq ou six fêtes très fatigantes ; bref, il n'était pas fâché d'aller se mettre un peu au vert. A tout hasard, il recommanda à son domestique de prendre la valise au lieu du petit sac habituel, et, lorsqu'il fut bien casé dans son wagon, il se mit à philosopher tout en regardant par la portière la campagne qui fuyait devant lui.

... Trente-cinq ans, encore de l'œil, de la dent et du cheveu... Cependant, quand il ne prolongeait pas sa raie pour dissimuler, il avait certainement sur le sommet de la tête une place... un peu large. Avec cela, un certain commencement d'embonpoint. Dirait-on encore longtemps le beau Pierre ?... Est-ce que ce ne serait vraiment pas le moment, après quinze années de fêtes consécutives, non seulement d'enrayer, mais de dételer?....

Certes, cela avait été gai, — ah! les bonnes et folles années! mais cela commençait à l'être moins. Les rangs s'éclaircissaient terriblement. Tous les bons camarades de jadis disparaissaient un à un, partis, rangés, mariés, morts. Pourquoi ne ferait-il pas à son tour comme les autres... même un peu plus tard que les autres, ce qu'on appelle une bonne fin. N'y a-t-il pas, de par le monde, des jeunes filles charmantes, pures, étincelantes de fraîcheur, de jeunesse et de santé..... Au garçon qui leur confierait sa vie, elles rendraient l'existence heureuse et douce, le soutenant dans les mauvais jours, et d'une caresse chassant bien loin les mauvaises pensées. Ah! si sa sœur, madame de Boisonfort, voulait lui trouver la perle rêvée...

Ce fut dans ces excellentes dispositions que Pierre arriva à la Châtaigneraie. Pour la première fois, il trouva que le château adossé au mont Ganelon, avec les vastes perspectives de son parc dessiné à l'anglaise, avait tout à fait bon air. Toute la famille, rangée sur le perron, attendait avec impatience l'oncle Broudoudoum. Mademoiselle Odette avait considérablement grandi; l'enfant avait fait place à la jeune fille en jupe longue et aux allures déjà coquettes.

— Mon bon Pierre, faut-il réellement te faire préparer une chambre? ou bien repars-tu ce soir? demanda en riant madame de Boisonfort.

— Méchante! Tu vois bien que j'ai apporté une grosse valise. Je te reste plusieurs jours.

Et il s'installa avec délice dans la grande chambre — appelée la chambre de l'oncle. — De sa fenêtre, il apercevait l'étang avec les deux cygnes, la haute futaie; devant le perron, un magnifique *tennis* organisé avec remblai dallé, cordes tendues pour marquer les camps, tente coquette servant de coulisse aux joueurs pour enlever la tenue du combat, et tout autour du remblai, des rangées de chaises pour la galerie. En furetant dans la grande pièce, il se sentit pris d'attendrissement pour tous ces vieux meubles Louis XV, ce grand lit à dôme empanaché, ces gravures et ces vieux portraits suspendus à la muraille, révélant un long enchaînement d'existences paisibles passées dignement au château. Il y avait là les plans de la Châtaigneraie depuis François Ier, avec ses diverses modifications sous Louis XV et sous la Restauration. De chaque côté de la glace, une rangée de miniatures souriantes; petites femmes avec des coiffures à la Maintenon, puis poudrées, puis à la grecque avec des bandelettes dans les cheveux, puis avec des frisures en petit toupet sur le front, puis avec de belles boucles étagées et surmontées de turban. Comme tous ces souvenirs étaient amusants à regarder et quel plaisir de revivre ainsi dans le passé! Au fond, est-ce qu'une bonne vie de gentilhomme campagnard, dans un château bien confortable, avec une femme jolie et intelligente, ne valait pas mieux que le tourbillon enfiévré de l'existence parisienne?...

Au déjeuner, Pierre savoura le plaisir de se trouver en famille à la grande table carrée, avec ces neveux et ces nièces, criblant de questions l'oncle Broudoudoum, veillant à ce qu'il ne manquât de rien, lui passant les meilleurs morceaux et les plus beaux fruits.

— Eh bien, mon oncle, cela ne vaut-il pas la cuisine du cercle? disait mademoiselle Odette.

Oh, certes!... Ajoutez l'intérêt spécial du propriétaire attaché à chaque plat : lièvres et perdreaux tués la veille après mille péripéties de chasse, petits pois merveilleux récoltés dans certain coin du potager, fraises obtenues, Dieu sait avec quelles peines, poires duchesses primées au concours! Pierre se sentait envahi par une béatitude indéfinissable.

A deux heures, la cour d'honneur s'emplit d'une véritable procession de breaks, de landaus découverts, de buggys et de charrettes de chasse

— Tu as donc un jour de réception? dit Pierre à sa sœur; moi qui craignais d'être seul ici!

— Nous avons maintenant *lawn-tennis* tous les vendredis; tu ne t'ennuieras pas.

Et, de fait, le salon était envahi par une foule de joueurs bruyants et joyeux. Les hommes, en large culotte bretonne avec souliers plats pour ne pas rayer le dallage du tennis et veston de laine; les femmes en toilettes courtes, le buste moulé dans de simples jerseys.

Une jeune fille surtout attira les regards de Pierre. Grande, bien découplée, elle portait avec une aisance merveilleuse ce costume collant qui mettait en relief tous les charmes troublants de cette taille jeune et souple. Les yeux, largement ouverts, étaient rieurs et bons; les cheveux blonds, retroussés sous le chapeau canotier, avaient des reflets d'or.

— La charmante créature! se dit Pierre ébloui. Quelle jeunesse! quelle fraîcheur! quelle santé! Autrement séduisante que les Blanche Dartois, Ravaschoff, Valentine et autres, cependant cotées comme des beautés par les camarades... — Qui est-ce? dit-il tout bas à sa nièce.

— Mademoiselle Blanche d'Estrées. Si vous voulez, mon oncle, que je vous présente?

— Mais je crois bien. ma petite Odette, avec le plus grand plaisir.

— Mon oncle Broudou... pardon, le comte de Brionne, dit cérémonieusement mademoiselle de Boisonfort.

Pierre s'inclina et offrit son bras pour descendre au lawn-tennis.

— Est-ce que vous allez jouer, Monsieur, êtes-vous fort? Je demanderais à vous avoir dans mon camp?

— Évidemment, je manque un peu d'entraînement... mais, en m'appliquant bien...

La partie commença, Pierre jouait de son mieux, mais se faisait à chaque instant rappeler à l'ordre pour ses continuelles distractions. Jamais il ne se plaçait à l'angle voulu pour servir... ou bien, il renvoyait les balles avec beaucoup trop d'énergie de l'autre côté du filet, bien heureux encore quand il ne les manquait pas complètement, perdu dans une contemplation muette... C'est que décidément mademoiselle Blanche était ravissante ; le teint animé par l'ardeur du jeu, les yeux brillants, elle allait, venait, se cambrait en arrière dans d'adorables attitudes, courant à l'extrémité du camp, ou ramassant adroitement la balle sans se baisser, par un simple frôlement de raquette. Et, à chaque nouvelle maladresse de Pierre, quels joyeux éclats de rire !

— Mais, c'est à vous, monsieur de Brionne! A quoi songez-vous donc?

Ah ! si Pierre avait pu dire à quoi il songeait !.....

Mais, malgré son enthousiasme, il commençait à s'essouffler. Il y avait longtemps qu'il n'avait tant couru, et il ne savait pas, lui, ramasser la balle avec le dos de la raquette; il lui fallait chaque fois se baisser et, à la longue, ses pauvres reins se courbaturaient.

Ce fut donc avec une certaine satisfaction qu'il constata la victoire du camp voisin faisant cesser la partie. La galerie fut, d'ailleurs, indulgente; madame de Boisonfort affirma à Pierre qu'il avait certainement de grandes dispositions et que, pour un débutant, il n'avait pas mal joué.

On rentra au salon, et là, tout en faisant les honneurs du lunch, Pierre trouva le moyen de se rapprocher plusieurs fois de sa jolie partenaire.

— Mademoiselle, un peu de chocolat, une glace ? Cela va très bien avec ces petits gâteaux secs.

Et il la regardait toute droite, bien campée, mangeant avec de jolis mouvements de lèvres gourmandes et tenant sa tasse le petit doigt en l'air. Excitée par le jeu, elle rayonnait de santé et exhalait un bon parfum de jeunesse et de printemps. Pendant ce temps, autour du buffet, un joyeux brouhaha de conversations coupé par les exclamations et les éclats de rire, avec des balancements d'éventail, des froufrous de soie, des parfums discrets d'iris se mélangeant à l'odeur du punch et à la vanille des crèmes. On sentait cette bonne intimité de gens du même monde et de la même région, heureux de se retrouver, de babiller et de flirter en commun.

— Oh! la bonne journée!... se disait Pierre avec ravissement en regardant mademoiselle d'Estrées. Décidément je reste tout l'automne à la Châtaigneraie.

Et, très ému, lorsqu'il eut fait remonter la jeune fille en break, il resta longtemps à regarder la lourde voiture qui s'éloignait sur la grande route.

11

— Ma petite Odette?
— Mon oncle Broudoudoum?
— Viens faire un tour de parc avec moi, avant le dîner. J'ai à te parler.
— Voici mon oncle.

Et campant son chapeau Clarisse Harlowe sur l'oreille, mademoiselle Odette prit gaiement le bras de Pierre.

— Quel âge a mademoiselle Blanche d'Estrées? demanda brusquement ce dernier.
— Elle a trois ans de plus que moi, ce qui lui fait juste vingt ans.
— Et moi, quel âge me donnerais-tu?
— Cela dépend, mon oncle, quand vous arrivez, heu!... heu!... mais quand vous repartez,

après quelque temps passé à la Châtaigneraie... vous ne paraissez certainement pas plus de trente ans.

— Eh bien, franchement, trouves-tu qu'il y ait entre vingt et trente une trop grande différence d'âge... pour un mariage ?

Mademoiselle Odette s'arrêta tout court, et, regardant son oncle avec une stupéfaction profonde.

— Comment ! Est-ce que vraiment, mon oncle, vous songeriez à vous marier ?

— Parfaitement.

— Et avec mon amie, mademoiselle Blanche d'Estrées ?

— Et quand cela serait ?

— Eh bien ! mon oncle, si cela était... puisque vous voulez bien me demander mon avis, je vous dirais que cela serait insensé. Vous marier ! Allons donc ! Je suis encore bien jeune et bien enfant, mais je vous connais. Ce qu'il vous faut, c'est la vie agitée, toujours en l'air; le matin, un temps de galop au Bois, puis déjeuner en hâte, puis des visites à travers Paris, et tous les soirs des bons dîners aux truffes, des théâtres, des bals, des soupers, broudoudoum, broudoudoum, broudoudoum, sans jamais arrêter.

— Mais, objectait Pierre, les idées changent avec l'âge.

— Oui, mais le changement a lieu plus tôt. Chez vous mon pauvre oncle, le pli est pris. Vous avez un ardent besoin de liberté, jamais vous ne serez un homme d'intérieur, et je le sens si bien que, pour rien au monde, je ne voudrais d'un mari fêteur et fêté comme vous.

— Et pourquoi cela?

— Parce que, si je me marie, je veux un mari qui vive avec et pour moi. Je ne voudrais pas qu'il fût toujours dehors, à son cercle ou ailleurs, me laissant seule... La résignation ne serait pas mon fort, et j'irais m'amuser de mon côté.

— Et où avez-vous pris tout cela, mademoiselle Odette? Vous me dites là des énormités!...

— Mon oncle, les hommes comme vous ne connaissent pas les jeunes filles comme nous. Où, d'ailleurs, les auraient-ils étudiées? Ils n'en ont pas le temps et nous n'en valons sans doute pas la peine. Sachez-le donc, pour nous, le mariage est un commencement, notre entrée dans la vie; pour vous, c'est une fin, le repos après le voyage. Nous ne pouvons pas nous entendre. Évidemment, vous êtes encore très vert, très actif, très fringant; mais, pour une jeune fille de vingt ans, vous n'êtes plus ce qui s'appelle tout à fait... jeune. Au haut de la tête, vous avez une place... j'ai bien vu... vous prolongez la raie, c'est très adroit, mais la place existe. Et puis, autour des yeux, vous avez des petits plis...

— C'est que j'ai beaucoup ri.

— Précisément, vous avez trop ri. Au lawn-tennis de tantôt, vous étiez rouge, essoufflé. Vous avez été aise que la partie fût finie. Blanche en eut recommencé une, deux, trois, sans ressentir aucune fatigue. Vous voyez-vous, mon pauvre oncle, restant maussade et endormi dans l'embrasure d'une porte, tandis que votre femme danserait le cotillon jusqu'à cinq heures du matin? Vous voyez-vous, passant de longues soirées chez les d'Estrées, astreint à des obligations de famille, faisant des visites sérieuses, exilé à la campagne? Et les soucis d'une maison à tenir, les enfants à élever, les intérêts à surveiller, une jeune femme ardente, curieuse à occuper, qui exigerait le sacrifice de toutes vos habitudes et l'emploi de tout votre temps!...

Pierre, rembruni, restait rêveur. Tout ce que lui disait sa petite nièce était si juste!...

— Pardonnez-moi ma franchise, continua-t-elle, mais j'ai raison! Voulez-vous un bon conseil? Restez l'oncle aimable et charmant apparaissant tout à coup entre un lawn-tennis et un tour de valse, l'oncle toujours rieur, toujours gai, toujours en train, qui entre par une porte, ressort par l'autre sans avoir le temps de lasser personne, l'enfant gâté que tout le monde aime, précisément pour ses défauts, tant que ces défauts ne sont que des légèretés — restez enfin toujours l'oncle Broudoudoum, cela vous va si bien, et cela vaut tellement mieux pour vous... et pour les autres!...

Le lendemain, Pierre, à la grande surprise de madame de Boisonfort, repartait pour Paris, condamné par mademoiselle Odette à la fête à perpétuité!!! Condamnation trop rigoureuse pour qu'il n'en rappelle pas un de ces jours. Espérons-le pour lui.

FIN

TABLE

	Pages.
A BON CHAT, BONS RATS.	1
PREMIÈRE ÉTAPE	19
PELOTODORA	35
UNE FÊTE DE CHARITÉ.	43
QUAND ON VA AU CIRQUE MOLIER	63
LES COULISSES D'UN BALLET	71
CAPRIA.	85
PROMENADE MATINALE	101
POUR LES PAUVRES	109
FIN DE SAISON	125
POUR DIEU! POUR LE CZAR! POUR LA PATRIE!	131
MESSIEURS MARS ET MESDAMES VÉNUS	143
LA GRANDE SEMAINE A TROUVILLE.	151
SUR LA TERRASSE DU CASINO A CHIC-SUR-MER.	173

	Pages.
A LA FÊTE A NEUILLY, CHEZ MARSEILLE	179
UNE JOURNÉE A BOUGIVAL	187
COUSINE DES BOISONFORT	195
AU CABARET. — TEL MENU, TELLE FEMME	207
UN CONCOURS DE BEAUTÉ	215
LA CHOUPASSE	267
UNE JOURNÉE AUX GRANDES MANŒUVRES	279
LE BATEAU DE FLEURS	289
VÉNUS ET MACHIAVEL	303
L'ONCLE BROUDOUDOUM	317

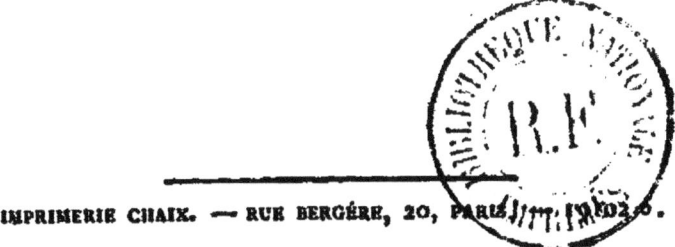

IMPRIMERIE CHAIX. — RUE BERGÈRE, 20, PARIS.

www.ingramcontent.com/pod-product-compliance
Lightning Source LLC
Chambersburg PA
CBHW060633170426
43199CB00012B/1538